Sabine Jaenicke

Die Zeit kann man anhalten

Mit Achtsamkeit den Alltag verändern

nymphenburger

Für meinen Vater

Schutzumschlag: Wolfgang Heinzel
Schutzumschlagfoto: Eberhard Grames, Bilderberg (Hamburg).
Layout & Satz: Anna Jansen
Gesetzt aus Optima 10/14 pt.
Druck: Jos. C. Huber KG, Diessen
Binden: Binderei Oldenbourg, Heimstetten
Printed in Germany
ISBN 3-485-00880-X

Lächeln Sie!

Fühlen Sie, wie entspannt Ihr Gesicht ist, wenn Ihre Mundwinkel sich nach oben bewegen?
Machen Sie es doch gleich noch einmal und fühlen Sie bewusst, was in Ihrem Gesicht passiert, wenn Sie lächeln. Ein schönes Gefühl, oder?
Wundern Sie sich nicht auch, dass Sie nicht viel öfter Ihre Gesichtsmuskeln auf so angenehme Art entspannen? Sie können es immer und überall tun, brauchen sich gar nicht extra Zeit dafür nehmen!
Lächelnd sind Sie viel hübscher.
Jeder noch so weite Weg beginnt mit dem ersten Schritt. Den haben Sie nun bereits getan.

Inhalt

Einleitung

Sie lesen dieses Buch, also gehören Sie mit großer Wahrscheinlichkeit zu den Menschen, die das Gefühl haben, dass ihnen die Zeit davonrennt. Viele Dinge, die Sie gern tun möchten, können Sie nicht tun, weil Sie keine Zeit haben. Niemand hat mehr wirklich Zeit. Dem Druck von außen fällt all das zum Opfer, was nicht unbedingt sein muss. Die Arbeitstage sind so voll gestopft, dass die Zeit nur so dahinsaust. Wir leben von Wochenende zu Wochenende und selbst da vergeht die Zeit immer schneller. Sechs Wochen Sommerferien waren früher eine Unendlichkeit – was war da anders?

Das Zeiterleben ist subjektiv.

Jeder kennt das Erlebnis, dass Zeit nicht gleich Zeit ist. Das Zeiterleben ist für jeden, trotz aller tickenden Uhren, eine subjektive Erfahrung. Denken Sie an ein wunderschönes Wochenende, an dem Sie verliebt durch die Welt taumelten und das Ihnen wie vier Wochen Urlaub vorkam. Wieso funktioniert es manchmal, in kurzer Zeit so viel zu erleben und sich bis in die Unendlichkeit glücklich zu fühlen? Und wieso gelingt es nicht, diese Intensität auch im Alltag zu bewahren?

Es gibt viele wissenschaftliche Erkenntnisse darüber, was Zeit ist oder nicht ist; ob es sie gibt oder doch nicht, wie erst jüngst entdeckt. Für solche Theorien haben wir in diesem Buch jedoch, offen gestanden, zunächst einmal keine Zeit. Denn hier geht es um unser subjektives Zeitempfinden. Und dass die Zeit, die für einen Physiker immer die gleiche Größe ist, plötzlich zu rasen beginnt, ist unsere subjektive Wahrnehmung. Es geht um unser Erleben, unser Leben. Um jeden einzelnen Augenblick.

Das Leben kann man nur im Augenblick berühren.

Die meisten Menschen drehen sich munter und mehr oder weniger erfolgreich in dieser sich beschleunigenden Zeitspirale, die sie eigentlich kaum wahr-nehmen, und sind dabei nicht unglücklich. Es ist normal, dass man viel arbeitet, wenn man erfolgreich sein will. In unserer Gesellschaft, in der es das Glück auf Lebenszeit kaum noch gibt und Beziehungen mal gut, mal weniger gut sind, sucht man sich Anerkennung hauptsächlich über den Beruf. Wer viel arbeitet, ist wichtig. Keine Zeit zu haben ist gleichbedeutend mit "Ich bin gut. Ich werde gebraucht".

Für viele Menschen mag das so in Ordnung sein. Jeder geht seinen eigenen Weg und hat die Freiheit, ihn zu gehen. Wenn Sie jedoch dieses Buch in die Hand genommen haben und lesen, nehme ich an, dass irgendetwas in Ihnen bereits rebelliert. Vielleicht sind es Fragen wie: "Soll das mein Leben sein?" – "Ist das alles?"

Weil wir Meister im Verdrängen sind, wissen wir, wie wir solche unbequemen Fragen schnell wieder loswerden können. Und im Übrigen haben wir ja auch so viel zu tun, dass wir philosophische Hirngespinste gern anderen überlassen. Und doch tauchen die Fragen und ein unbestimmtes Gefühl von Unzufriedenheit immer wieder auf, wie kleine Revolutionäre, die sich irgendwo in uns eingenistet haben und die ganz schön hartnäckig sind. Weshalb? Und wie sollte man sie zufrieden stellen? Viele haben inzwischen mit diesen kleinen Revolutionären Bekanntschaft gemacht, haben eine Ahnung, dass das Leben auch ganz anders sein könnte. Doch sie kennen nicht den Weg, dem Druck und den Zeitfängen zu entkommen. Schließlich ist es auch keine Lösung, in eine palmwedelgedeckte Hütte nach Bali umzusiedeln oder als Einsiedler am Fuße der schneebedeckten Berge des Himalaya Zuflucht zu suchen. Denn unser Leben spielt sich jetzt und hier ab und wir können es auch nur jetzt und hier bewältigen. Das Glück ist im Jetzt und im Hier und nicht im Anderswo. Und unseren Rucksack an Erfahrungen tragen wir mit uns herum, ganz egal, wo wir sind.

Das Glück ist im Jetzt und im Hier.

Wir werden geboren und wir sterben. Alle Menschen sterben. Doch scheinen die meisten diese Tatsache zu verdrängen und leben, als ob sie selbst unsterblich wären. Vielleicht mit der Hoffnung, dass die Wissenschaft noch zu ihren Lebzeiten das Elixier der Unsterblichkeit entdecke?

Manchmal betrachte ich die Menschen um mich ganz fasziniert und denke mir: Sie alle sterben und nehmen doch die unwichtigsten Kleinigkeiten für so wichtig. Was erwarten sie von ihrem Leben? Denken sie nicht darüber nach? Warum nutzen sie die Chance, die dieses Leben ihnen bietet, nicht bewusst? Warum lassen sie ihre Zeit einfach vorbeisausen, ohne ihre Lebendigkeit wahr-zu-nehmen und zu genießen?

Was allen Menschen als Geschenk auf dieser Erde zur Verfügung steht, ist dieses Leben. Dieses Leben, das aus unzähligen wundervollen Augenblicken besteht. Jeden Morgen, wenn Sie aufwachen, haben Sie wieder einen ganzen neuen Tag vor sich. Vierundzwanzig Stunden, die Sie erleben können, in denen Sie neue Erfahrungen machen können.

Jeder kann die Zeit anhalten.

Dieses Buch zeigt Ihnen anhand vieler Beispiele aus Ihrem Alltag, wie Sie mit Achtsamkeit Ihr Leben und vor allem ganz konkret Ihr Zeitempfinden ändern können. Jeder kann für sich die Zeit anhalten, ohne ein anderes Leben leben zu müssen. Es funktioniert auch in dem Leben, das Sie gerade leben! Dazu bedarf es keiner neuen Lebensform, keiner komplizierten Techniken oder sonstiger ausgefallener Zaubertricks – wir haben alles mit auf die Welt gebracht, was wir dazu benötigen, und müssen es einfach nur benutzen.

Vieles mag Ihnen zunächst banal oder einfach vorkommen, doch werden Sie im Tun erfahren, was sich wirklich dahinter verbirgt. So hört es sich beispielsweise einfach an, eine Minute auf seinen Atem zu achten. Wer es versucht, wird erleben, wie schwierig dies tatsächlich ist.

Dies ist ein Buch mit praktischen Übungen für den Alltag. Nur im Ausprobieren werden Sie erfahren, wie heilsam diese sind. Wer ein Buch zum Lesen sucht oder eine intellektuelle Auseinandersetzung, sollte dieses sofort beiseite legen. Wer Spaß hat, Neues mit sich zu erleben, sollte offen sein, entsprechend zu handeln.

Nur die eigene Praxis ist wichtig.

Als ich mit einer Freundin über die Praxis des Zeitanhaltens sprach, sagte sie zu mir: "Weißt du, ich habe einen Beruf, der mich fordert, zwei Kinder, einen Mann und muss auch noch mein Haus und den Garten versorgen. Ich kann mir keine Zeit für mich nehmen. Ich wüsste nicht, wann ich beispielsweise meditieren sollte. Und abends bin ich so müde, dass ich sofort einschlafe."

Beim Zeitanhalten geht es nicht darum, sich Zeit für sich zu nehmen. Es geht nicht darum, dass ich zum zurückgezogen lebenden Einsiedler werde. Sondern darum, dass ich jeden Augenblick, den ich lebe, als Augenblick mit mir selbst verstehen lerne. Dass ich den Pflichten, die angenehm oder unangenehm sein können, mit Gelassenheit begegne und sie zu Augenblicken mit mir selbst verwandle. Um dies zu erreichen, ist ein gewisses Handwerkszeug notwendig, das Sie sich mit Hilfe der in diesem Buch vorgestellten Übungen aneignen können.

Am Beginn des einundzwanzigsten Jahrhunderts müssen wir

hier weder Hunger leiden noch Krieg oder sonstige lebensfeindliche Bedrohungen erleben. Unsere Existenz stellt andere Herausforderungen an uns, die wir bewältigen müssen.
Trotz aller technischen Errungenschaften, trotz allen Wohlstands können wir jedoch nicht bestimmen, womit wir in unserem Leben konfrontiert werden. Das Leben besteht nicht nur aus Augenblicken der Glückseligkeit, sondern auch aus vielen Situationen, die uns unangenehm sind. Und doch sind es immer wir selbst, die entscheiden, wie wir mit der jeweiligen Situation umgehen. Darin liegt die Herausforderung und die einzigartige Chance unseres Lebens. Wir können lernen, gerade die Dinge, die sich uns in unserer Vorstellung, die wir uns von unserem Leben gemacht haben, in den Weg stellen, als Herausforderung zu begreifen. Und wenn wir in unserem bisherigen Leben das Gefühl hatten, dass die Zeit uns davonrast und wir nicht die Dinge tun können, die wir gern täten, dann ist dies nun die Herausforderung, der wir uns stellen können.

Schwierigkeiten sind Herausforderungen des Lebens.

So ist letztlich die davonrasende Zeit eine Chance, ganz viel Neues über unser Leben zu erfahren. Und wir sollten eigentlich dankbar sein, dass unsere Situation gerade so ist, wie sie ist, ganz egal, wie groß unser Leidensdruck ist. Sie bietet uns einen wunderbaren Ansatzpunkt, mit kleinen konkreten Schritten aktiv zu werden und vielleicht große Veränderungen bei uns zu erleben.

Die Vorgehensweise dieses Buchs haben Sie bereits kennen gelernt. Das einfache Lächeln am Anfang des Buchs hat Ihre Wahrnehmung und Ihr Bewusstsein für sich selbst für einen Augenblick verändert. So ist es mit allen hier vorgestellten Übungen: Sie können das Gleiche tun, was Sie bisher getan haben, und doch verändert sich durch das bewusste Erleben winziger Augenblicke allmählich Ihre ganze Wahrnehmung. Um Schritt für Schritt in den Raum der Zeitlosigkeit zu treten, führt Sie das Buch, wie einer Spirale folgend, langsam von außen immer tiefer in Sie selbst hinein. Sie schärfen zunächst Ihr Bewusstsein dafür, wie Sie Ihre Zeit verbringen, und lernen durch alltägliches Tun (Atmen, Essen, Trinken) Augenblicke der Zeitlosigkeit kennen. Sie werden achtsam, wie Sie selbst Ihre Zeitwahrnehmung bestimmen, und Sie lernen, Ihre Wirklichkeit und sich selbst so zu sehen, wie sie wirklich sind. Denn das Gefühl, von der Zeit getrieben zu sein, hat auch mit Ihrem Inneren zu tun. Je mehr Ruhe und Harmonie Sie in Ihrem Inneren schaffen, desto weniger kann Ihnen ein noch so starker Druck von außen etwas anhaben. Sie können immer alles in Ruhe tun. Sie haben Zeit für alles, was Ihnen wichtig ist. Und vor allem haben Sie eine Verabredung mit Ihrem Leben, mit dem gegenwärtigen Augenblick. Wenn Sie diesen verpassen, verpassen Sie Ihr Leben.

Das Erleben von Augenblicken verändert die Wahrnehmung.

Je mehr Augenblicke Sie zu den Ihren machen, desto langsamer vergeht die Zeit, desto intensiver leben Sie.

Die selbstbestimmte Zeit
Was ist wirklich wichtig für mich?

Wir allein bestimmen die Intensität unseres Lebens.

Ein Augenblick kann eine Ewigkeit sein oder vorbeihuschen, ohne dass wir ihn wahrnehmen. Wir leiden darunter, dass unsere Zeit so schnell vergeht, und verstehen nicht, weshalb. Und doch sind es wir allein, die aktiv das Tempo unserer Zeit und somit die Intensität unseres Lebens bestimmen.

All die wundervollen Augenblicke gehören uns und wir allein bestimmen, wie wir sie erleben. Der Druck von außen mag noch so groß sein, es sind immer wir selbst, die in jedem Augenblick die Wahl haben zu entscheiden, was wir tun und vor allem, mit welchem Bewusstsein wir dies tun. Es mag sein, dass Sie an dieser Stelle denken: "Na ja, ganz so einfach ist es ja nun doch nicht!" – Doch, genauso einfach ist es! Einfach ist jedoch nicht gleichbedeutend mit leicht umzusetzen. Und Sie müssen wirklich entschlossen und bereit sein, einen neuen Raum zu betreten, damit Sie mit diesem Buch in das Universum der Zeitlosigkeit eintreten können. Sind Sie wirklich dazu bereit?

Gut. Dann fangen wir an.

Schauen Sie sich doch zunächst einmal an, was Sie in der Zeit, die Ihnen zur Verfügung steht, tun. Wie sieht Ihr Tagesablauf aus? Machen Sie sich bewusst, mit was Sie Ihre Zeit verbringen, und notieren Sie es.

Die Tätigkeiten sehen natürlich bei jedem anders aus, bei dem einen wird die Arbeit und der Sport sehr viel Platz einnehmen, bei einer anderen Person vielleicht das Fernsehen oder Bücherlesen, bei einer dritten die Familie oder die Freunde etc. Doch ganz egal, wie Sie Ihr Leben bisher gestaltet haben, scheint es in unserer Gesellschaft chic zu sein, sich seine zur Verfügung stehende Zeit voll und voller zu packen, weil das, wie wir vorn bereits festgestellt haben, das Gefühl vermittelt,

Je bewusster Sie Ihre Zeit gestalten, desto mehr Zeit haben Sie.

wichtig zu sein. Wir hecheln von einem zum andern, von der Arbeit zum Sport und dann schnell nach Hause zur Familie, und vergessen dabei ganz, dass diese wundervollen Augenblicke unser Leben sind, dass sie ganz allein uns gehören und dass wir alle Freiheit dieser Welt besitzen, sie zu erleben und mit anderen zu teilen. Der erste Schritt bei der Magie des Zeitanhaltens besteht darin, sich dieser selbstbestimmten Zeiteinteilung bewusst zu werden. Denn je bewusster Sie Ihre Zeit gestalten, desto mehr Zeit haben Sie.

Ist denn tatsächlich jeder Film, den Sie im Fernsehen ansehen, sehenswert? Können Sie sich entspannen, wenn Sie nach der Arbeit zum Sport oder Yoga hetzen? Begegnen Sie den Menschen, mit denen Sie sich verabreden, wirklich? Haben Sie Zeit für die Menschen, die Ihnen wichtig sind? Haben Sie Zeit für sich selbst?

Überlegen Sie sich doch einmal, welche Dinge Sie tun, die Sie eigentlich gar nicht tun wollen. Können Sie sich ihrer nicht entledigen?

Sicherlich gibt es im Leben eines jeden Menschen Dinge, die angenehm und die unangenehm sind. Man kann nicht immer nur Angenehmes und Schönes erleben und oft ist es ja genau das Unangenehme, aus dem man am meisten lernt. Bei der Überlegung, welcher Dinge man sich entledigen könnte, geht es also nicht darum, all das Unangenehme aus dem Leben zu beseiti-

gen, sondern allein darum, die eigenen Zeitdiebe zu entlarven. Hier steht ein kleiner Mülleimer mit unendlicher Kapazität, in den Sie diesen ersten Zeitdiebe-Sondermüll abladen können. Falls Ihnen im Laufe der Zeit noch andere Dinge zum Entrümpeln einfallen, blättern Sie zu dieser Seite zurück und stecken Sie alles hinein.
Notieren Sie nun, was Sie alles in diesen Mülleimer stecken.

Sie leben in der Welt, für die Sie sich bis zum heutigen Tage entschieden haben. Betrachten Sie Ihre Welt immer wieder aufmerksam. Nehmen Sie sich die Freiheit, Ihr Leben und Ihre Zeit ganz bewusst zu gestalten, bei jeder Verabredung mit Freunden, bei jedem Druck auf die Fernbedienung der Fernsehers.

Sie haben nur die Verpflichtungen, die Sie sich selbst schaffen. Sie leben nur den Druck, den Sie in sich erzeugen.
Je mehr Sie sich ganz bewusst überlegen, was Sie wirklich möchten, desto besser lernen Sie sich selbst kennen. Es ist viel einfacher zu sagen: "Ich habe keine Zeit, weil der und der das und das von mir will", als selbst verantwortlich für das eigene Handeln zu sein. Je bewusster Sie Ihre Zeit gestalten, desto mehr spüren Sie, wie eigen-mächtig Sie sind. Wie schön ist es, nicht fremdbestimmt, sondern selbstbestimmt aus sich heraus nach seinen eigenen Bedürfnissen zu handeln!

Vom Haben zum Sein.

Wir leben in einer Welt, in der das Haben und nicht das Sein dominiert. Die Menschen glauben, sie wären glücklich, wenn... Ja, wenn was? Da kennt der Erfindungsreichtum keine Grenzen. Zunächst die neue Frau oder den neuen Mann, dann eine neue Waschmaschine, die elektronische Joghurtmaschine, vielleicht ein neues Auto mit Sonderschnickschnack? Immer mehr und noch mehr. Und wenn man es dann hat, dann merkt man, dass noch etwas anderes fehlt. Dieser Wahnsinn kann nie zu einem befriedigenden Ergebnis führen. Das Sprichwort "Das letzte Hemd hat keine Taschen" kennt zwar jeder. Und doch gehört es eben dazu, dass Erfolg auch materiell sichtbar wird. Und das, obwohl das letzte Hemd keine Taschen hat?
Nichts bleibt, wie es ist. Alles verändert sich im Leben. Das mag

in vielen Augenblicken sehr wehtun, ist jedoch auch eine wundervolle Gewissheit, denn auch jedes noch so schmerzliche Gefühl unterliegt der Veränderung. Auch jedes Gefühl von Gehetztsein und Stress weicht irgendwann einem anderen. Je früher wir erkennen, dass wir ganz allein die Verantwortung für unsere Zeit haben und es an uns liegt, was wir erleben und wie wir es erleben, desto besser gelingt es uns, bei uns selbst zu bleiben, niemand anderem Macht über uns zu geben. Auch keinem Stressgefühl.

Auch negative Gefühle verändern sich.

Ein wichtiger Schritt, um in das Universum der Zeitlosigkeit einzutreten, ist, dass Sie sich immer wieder der Eigenverantwortlichkeit Ihres Lebens bewusst werden. Das heißt nun nicht, dass Sie ab sofort schon viel mehr Zeit hätten, doch ist nun sozusagen eine kleine Alarmglocke in Ihnen installiert, die Sie immer wieder an die Freiheit Ihrer Wahl erinnert.

Die Magie des Atmens
Mein Schlüssel für den Raum der Zeitlosigkeit

Ohne Atem kein Leben. Wir alle atmen von morgens bis abends, wenn wir schlafen, in jedem Augenblick. Wir nehmen ihn als etwas Selbstverständliches, schenken ihm keine besondere Aufmerksamkeit – und doch ist der Atem unser größter Lehrmeister.

Der Atem hat die magische Eigenschaft, dass er uns immer wieder zu uns selbst zurückbringen kann. Dass wir uns spüren, uns lebendig fühlen und bei uns selbst sind.

Das bewusste Atmen ist wie der Schlüssel, den Sie brauchen, um in die Welt einzutreten, in der Sie die Zeit anhalten können. Das mag für Sie zunächst vielleicht sonderbar klingen, doch ist der Atem wirklich wie eine Brücke, über die wir in jeder Lebenssituation in unser Inneres gelangen können. Egal, wie groß die Hektik und der Stress um uns sind, wie groß der Druck auch sein mag: Durch das Atmen werden Augenblicke zu selbst-bewussten Augenblicken. Sobald Sie damit anfangen, solche Augenblicke zu erleben, werden Sie sich sicherlich sehr wundern, dass Sie

Der Atem ist die Brücke in Ihr Inneres.

dieses in Ihnen immer vorhandene Potenzial bislang so ungenutzt im Dämmerschlaf der Selbstverständlichkeit gehalten haben.

Für die nun folgende Übung sollten Sie sich beim ersten Mal wirklich Zeit nehmen, damit Sie tief in sich fühlen, um was es geht. Sie können sie jedoch überall tun, auch beim Warten auf dem Flughafen oder beim Zugfahren.

Setzen Sie sich auf einen Stuhl, beide Füße stehen auf der Erde, der Rücken ist aufrecht, die Fingerspitzen der Hände berühren die Knie.

Atmen Sie ein und spüren Sie, wie die Luft durch Ihre Nasenlöcher in Sie einströmt. Machen Sie sich beim Einatmen bewusst, dass Sie einatmen.
Atmen Sie aus und spüren Sie, wie die Luft durch Ihre Nasenlöcher ausströmt. Machen Sie sich beim Ausatmen bewusst, dass Sie ausatmen.
Wiederholen Sie dies so oft, bis Sie Ihren Atem gut fühlen.
Durch welches Nasenloch atmen Sie? Durch das linke? Durch das rechte? Durch beide Nasenlöcher?
Falls Sie Ihren Atem schlecht spüren, können Sie zunächst kräftiger atmen, doch kehren Sie dann zu Ihrer natürlichen Atmung zurück.

Atmen Sie wieder ein und fühlen Sie, wie sich beim Einatmen Ihre Bauchdecke hebt. Seien Sie sich beim Einatmen bewusst, dass sich Ihre Bauchdecke hebt.
Atmen Sie aus und fühlen Sie, wie sich Ihre Bauchdecke senkt. Seien Sie sich beim Ausatmen bewusst, dass sich Ihre Bauchdecke senkt.
Auch diese Übung sollten Sie so oft wiederholen, bis Sie Ihren Atem gut fühlen.

Fühlen Sie Ihre Lebenskraft, Ihre Lebendigkeit in Ihrem Körper. Freuen Sie sich, dass Sie leben und solch wundervolle Augenblicke der Lebendigkeit mit sich erleben können.
Diese Augenblicke der Lebendigkeit können Sie sich überall schenken und Freude mit sich selbst haben.

Der Atem ist unser Helfer.

Das Atmen ist unser Helfer, den wir immer mit uns herumtragen und der doch viel zu selten bewusst zum Einsatz kommt.
War es nicht ein angenehmes Gefühl, durch das Atmen ganz bei sich selbst zu sein? Wundern Sie sich nicht auch, dass Sie nicht viel öfter davon Gebrauch machen?
Das bewusste Atmen gehört wahrscheinlich bei den wenigsten zur Grundausstattung. Doch genau das sollte es werden. Immer wieder zwischendurch einatmen – ausatmen – bei sich selbst sein – sich selbst ein Lächeln schenken.

Die heilsame Wirkung dieses scheinbar so selbstverständlichen Atmens werden Sie schon sehr bald spüren. Sie begegnen am Tag immer wieder sich selbst. Und je mehr Sie sich Ihres Selbst bewusst und in Ihrem Inneren verankert sind, desto weniger kann der Druck von außen Sie erreichen.

Ist es für Sie schwierig, in der Hektik des Tages daran zu denken, gibt es eine wundervolle Gedankenstütze. Betrachten Sie doch das Klingeln Ihres Telefons wie einen Gong aus einem Kloster, der Sie an Ihr bewusstes Atmen erinnert.

Das Telefon klingelt – Sie atmen ein – Sie atmen aus – Sie fühlen Ihre Lebendigkeit – dann heben Sie ab.

Sie sind dann bei sich und können dem Menschen, der mit Ihnen sprechen will, viel offener begegnen.

Auch das Klingeln von Handy oder das Läuten der Kirchenglocken könnten als Bewusstheits-Gong dienen. Was immer Sie sich ausdenken: Wichtig ist nur, dass Sie einatmen – ausatmen – Ihre Lebendigkeit fühlen – sich ein Lächeln schenken – und Schritt für Schritt in das Universum der Zeitlosigkeit eintreten.

Wartezeiten nutzen
Mein Bewusstsein verändert meine Zeit

Zu unserm Alltag gehört es dazu, dass wir immer wieder warten müssen. Gehören Sie auch zu den Menschen, die, ganz egal ob im Supermarkt oder am Fahrkartenschalter, immer genau in der Schlange stehen, in der es am längsten dauert? Und selbst wenn es einmal danach aussieht, dass Sie eine gute Schlange erwischt haben, ist die Wahrscheinlichkeit groß, dass vor Ihnen die Papierrolle der Kasse ausgeht oder ein Mensch eine komplizierte Bahnverbindung erfragt?

Wer sich ärgert, schadet nur sich selbst.

Nun ist es leider so, dass es keinen Deut schneller geht, wenn Sie sich darüber ärgern. Der einzig Leidtragende sind Sie, weil Sie sich mit Ihrem Ärger nur selbst schaden. Außen verändert das gar nichts, nur in Ihnen rumort es.

Durch den starken Leistungsdruck haben wir uns viele Gewohnheiten angeeignet, die sehr schwer zu durchbrechen sind. Wir wollen nicht warten, wir haben keine Zeit zu warten, wir wollen weiterkommen. Schließlich stellen wir uns doch auch nicht so blöd an, sondern erledigen alles schnell und gut.

Doch wir werden an der Tatsache nichts ändern können, dass wir im Zusammenleben mit anderen Menschen gelegentlich warten müssen. Daran können wir nichts ändern – doch wir können unsere Einstellung zu diesem Warten ändern.
Beim nächsten Schlangestehen können Sie Folgendes ausprobieren.

Ich muss warten – okay, es dauert so lange, wie es dauert.
Ich stehe mit beiden Füßen auf der Erde. Ich fühle die Erde unter meinen Füßen.
Was für eine wunderbare Gelegenheit ist dieses Warten für mich.

Ich habe Zeit einzuatmen – auszuatmen – ich lächle mir zu – ich bin ganz ruhig.
Ich fühle, wie sich mein Bauch beim Einatmen hebt – wie sich mein Bauch beim Ausatmen senkt.
Ich bin bei mir – ich bin angekommen.
Alles geht so schnell, wie es eben geht. Es ist mir egal. Ich freue mich, dass ich Zeit habe, einzuatmen – auszuatmen – meine Lebendigkeit zu fühlen – bei mir zu sein.

Das Warten ist wieder wie der Gong des Klosters, ein Erinnern daran, dass wir Augenblicke mit uns selbst erleben können. Wenn Sie auf diese Weise warten, bleiben Sie bei sich selbst, haben keinen rumorenden Ärger in sich, freuen sich über die

Zeit mit sich und sind sehr viel zufriedener. Die Zeit, die Sie fürs Warten brauchen, bleibt die gleiche, doch Sie haben ein paar schöne Augenblicke mit sich erlebt und wundern sich vielleicht mit der Zeit auch über die anderen, die so aufgeregt und ärgerlich hin und her zappeln, sich ärgern und immer unzufriedener werden. Sie werden bemerken, wie gelassen Sie bleiben und wie schön es ist, sich nicht selbst zu schaden, sondern die Zeit für sich zu nutzen.

Wer bewusst wartet, erlebt bewusst Augenblicke mit sich selbst.

Überall dort, wo wir warten müssen, bietet sich uns die Chance, Augenblicke mit uns selbst zu erleben, der gewohnheitsmäßigen Hetze zu entkommen und bei uns zu sein, ohne dass wir dafür mehr Zeit bräuchten. Allein die Qualität des Erlebens ändert sich.

Unser Alltag bietet uns eine Fülle solcher Möglichkeiten.

Ob Sie am Flughafen auf das Boarding warten, sich in einen Sessel setzen und einatmen – ausatmen – bei sich selbst sind – sich ein Lächeln schenken.

Oder ob Sie sich beim Autofahren über eine rote Ampel freuen, die auch nicht mehr als ein Zeichen ist, das Sie durch einatmen – ausatmen – zu sich selbst zurückbringt.

Wenn Sie achtsam werden für solche Zeichen, werden Sie viele entdecken. Immer wieder bietet sich die Möglichkeit, innezuhalten und uns selbst zu spüren.

Seit ich meine Einstellung zum Warten verändert habe, passie-

ren fast magische Dinge. Ich atme bewusst, freue mich auf die Zeit mit mir selbst und muss dann immer wieder feststellen, dass es in meiner Schlange plötzlich unglaublich schnell geht, wie von Wunderhand werden die Menschen vor mir weggepustet, sodass mir das Warten fast nicht lang genug dauert. Es ist enorm, was eine veränderte Einstellung bewirken kann.
Sie werden merken, welchen Einfluss das bewusste Erleben dieser Wartezeiten auch auf Ihr Zeitempfinden hat. Sie erleben intensive Augenblicke mit sich selbst, sind bei sich, ärgern sich nicht, sondern freuen sich. Sie sind nicht fremdbestimmt, sondern ganz bei sich. Die zuvor unbequeme Wartezeit wird zu Ihrer geschenkten Zeit.

Sie sind ganz bei sich.

Zeit für Energiezufuhr?
Ich erfahre beim bewussten Essen die Magie des Zeitanhaltens

Wer viel zu tun hat, ist ständig bestrebt, Zeit für vermeintlich unwichtige Dinge einzusparen, um mehr Zeit für die anscheinend wichtigen Dinge zu haben. Ein beliebtes Opfer dieser Sparpolitik ist das Essen. Wenn totale Hektik angesagt ist, wäre es zwar am besten, man müsste gar nichts essen, doch da man Hunger hat, schlingt man schnell etwas in sich hinein. Ein Brötchen neben dem Arbeiten oder einen Hamburger in einem Fastfood-Restaurant, wo's garantiert schnell geht.

Essen als sinnliches Vergnügen wird für besondere Augenblicke aufgespart, doch dann ist man meist in Gesellschaft und so treten auch da die Freude am Essen und seine wohltuende Wirkung in den Hintergrund.

Essen ist die Energiezufuhr für unseren Körper.

Was bei einer solchen Lebensweise immer mehr abhanden kommt, ist das Bewusstsein dafür, dass das Essen *die* Energiezufuhr für unseren Körper ist. Jeder Bissen, den wir essen, garantiert, dass wir den nötigen Treibstoff haben, damit wir mit unserem "Körper-

fahrzeug" optimal durchs Leben brausen können. Entscheidend ist nur in bedingtem Maße die Quantität, die wir essen, hauptsächlich jedoch die Qualität dessen, was wir essen und wie wir essen.
Weil wir jeden Tag essen, das Essen unseren Energiehaushalt bestimmt und weil wir oft glauben, dafür keine Zeit zu haben, eignet sich das Essen ganz besonders gut, die Magie des Zeitanhaltens im Alltag zu erfahren, einzuüben und in das Universum unserer selbstbestimmten Zeit einzutreten.
Weil wir glauben, keine Zeit zum Essen zu haben, lassen wir die Chance, uns mit dem Essen etwas Gutes zu tun und uns verwertbare Energie zuzuführen, meist brachliegen. Mit diesem Verhalten vergeben wir uns eigentlich nur eine wundervolle Möglichkeit, für einen kurzen Augenblick Spaß mit uns selbst zu haben und mit dem Leben in Berührung zu kommen. Denn wenn wir leben wollen, müssen wir essen. Und dies ist so etwas Wundervolles und Komplexes, dass wir uns näher ansehen sollten, was wir da eigentlich tun.
Um sich das Leben zu vereinfachen, schneiden die Menschen die Wirklichkeit oft in Stücke, nehmen nur Teile davon wahr und sind so nicht in der Lage, die wechselseitige Abhängigkeit aller Phänomene wahrzunehmen. Doch nichts kann losgelöst von allem anderen existieren. Alles auf dieser Welt entsteht in Abhängigkeit. Wenn Sie z.B. einen Apfel eingehender betrachten, so erken-

Nichts kann losgelöst von allem anderen existieren.

nen Sie, dass dieser Apfel nicht nur ein Apfel ist. In diesem Apfel ist auch die Kraft der Sonne, die ihn hat reifen lassen, ist auch die Wolke und der Regen, die den Apfelbaum genährt haben, ist auch der Duft der weißen Apfelblüten, über die sich die Bienen im Frühling gefreut haben. Dieser Apfel ist also ein wahres Wunder der Natur, das nur sein kann, weil viele Bedingungen zusammenkamen, damit er sich nun in dieser Form zeigen kann.

Oder denken Sie an ein Reiskorn, welche exotische Vielfalt es in Ihren Körper bringt. In diesem einzelnen Korn ist das mühevolle Pflügen eines Reisbauern mit seinem Wasserbüffel enthalten, das Stecken der Reissetzlinge, die Sonne, die das Grün der Reisfelder zum Strahlen bringt, und vielleicht sogar der Schatten einer Kokospalme, deren Palmwedel im Wind rauschen.

Und doch schlucken wir dieses Reiskorn einfach hinunter und achten es nicht, sind nicht dankbar für die Geschenke, die es uns von weither mitgebracht hat. Wer hindert uns eigentlich daran, dieses Reiskorn in seiner ganzen Fülle zu sehen, dankbar für jedes einzelne zu sein und uns beim Essen über die Bilder zu freuen, die es uns schenkt?

Lebensmittel sind Mittel zum Leben.

Jedes Lebensmittel ist, wie der Name schon sagt, ein Mittel zum Leben. Die Auswahl dieses Mittels zum Leben liegt ganz bei uns. Wir entscheiden, welche Energie wir unserem Körper mit jedem Bissen zuführen.

Seien Sie sich deshalb immer wieder bewusst, was Sie essen und welche Energie Sie damit aufnehmen.
Diese Energiewahl fängt beim Einkaufen an. Hören Sie auf Ihre Intuition, kaufen und essen Sie die Dinge, von denen Sie das Gefühl haben, dass Sie Ihnen gut tun. Was für den einen richtig ist, kann für den anderen falsch sein. Vertrauen Sie immer nur darauf, was Sie an sich selbst erfahren, und nicht darauf, was Ihnen jemand sagt. Zumal die Theorien über richtige Ernährung so widersprüchlich sind, dass jede Meinung sogleich durch ihr Gegenteil ersetzt werden kann. Es ist Ihr Körper, der ganz genau weiß, was ihm gut tut und was nicht. Machen Sie es sich zur Gewohnheit, darauf zu achten, wie Sie sich nach dem Essen fühlen: plump und schwer, müde – oder gestärkt und fit für neue Aufgaben?

Ihr Körper weiß, was ihm gut tut.

Mit der Zeit werden Sie feststellen, wie sich Ihr Einkaufsverhalten ganz automatisch verändern wird, wie sich Ihr Blick immer mehr schult für die Nahrungsmittel, die energiereich und gut für Sie sind.
Doch nicht nur das Bewusstwerden der Energiezufuhr beim Essen ist wichtig, sondern auch die Zeit fürs Essen. In unserem Alltag ist es nicht möglich, immer achtsam und in Ruhe zu essen und sich der Fülle der Natur dabei bewusst zu sein. Essen ist Teil von Geschäftsverhandlungen geworden und oft auch die einzige freie Zeit, um sich mit Freunden zu treffen und zu unterhalten.

Trotzdem könnten Sie, um die wundervollen Augenblicke des Essens genießen zu lernen, zum Beispiel Ihre Familie überreden, hin und wieder eine Mahlzeit (oder falls das nicht geht, vielleicht die ersten zehn Minuten) schweigsam zu essen. Oder nutzen Sie die Gelegenheit, wenn Sie einmal allein essen, um zu erfahren, was Essen für ein genussvolles und schönes Erleben für Sie sein kann.

Jede Ablenkung macht es uns schwerer. Und da wir uns dann am nächsten sind, wenn wir mit vollem Bewusstsein eins nach dem anderen tun, ist es eigentlich auch unmöglich, bei uns selbst zu sein, das Essen zu genießen und daneben noch fernzusehen oder Zeitung zu lesen.

Benutzen Sie, bevor Sie anfangen zu essen, Ihren Atem als Zaubermittel, um in Kontakt mit sich selbst zu kommen.

Nehmen Sie sich einen Augenblick Zeit und werden Sie sich Ihrer Atmung bewusst.

Ich atme ein – ich atme aus – ich freue mich auf das Essen (einatmen) – das ich nun zu mir nehmen werde (ausatmen) – ich lächle (einatmen) – und bin dankbar (ausatmen).

Beginnen Sie dann damit, achtsam zu essen.

Seien Sie sich bewusst, welche Energie Sie zu sich nehmen.

Stellen Sie sich den goldenen Weizen vor, der sich im Wind wiegt, wenn Sie ein Brot essen.

Machen Sie das Essen zu einem genussvollen Erlebnis mit sich selbst.
Kauen Sie langsam und mit Freude, bevor Sie schlucken.
Ein Lächeln zwischendurch hilft, nicht wie ein Gesundheitsapostel auszusehen.
Beobachten Sie Ihre Gedanken. Beim Essen fliegen sie besonders gern in die Zukunft oder machen einen Ausflug in die Vergangenheit.
Stellen Sie liebevoll fest, wo sie schon wieder hingeschwirrt sind, und holen Sie sich mit einatmen – ausatmen wieder in das Hier und Jetzt zurück.
Fragen Sie sich immer wieder: "Was tue ich gerade?"
Lernen Sie beim Essen, immer wieder zu sich selbst und zu dem zurückzukehren, was sie in diesem Augenblick tun.

Stärken Sie Ihren Körper durch das Essen.

Das Essen ist ein guter Gradmesser für Sie zu testen, wie achtsam Sie etwas im Augenblick tun können. Das wird natürlich immer unterschiedlich sein. Doch kann Ihr Körper nichts dafür, dass Sie viel zu tun haben, und Sie sollten ihn nicht zusätzlich strafen, indem Sie ihn schwächen. Das Essen ist das ideale Training, die Hektik und die negativen Einflüsse abzustellen und die ganze Aufmerksamkeit auf etwas zu richten, was Ihnen gut tut. Das gibt Ihnen Stärke und lässt Sie unangenehme Dinge mit einer gewissen Distanz und mit neuer Kraft ganz anders angehen.

Die Dimension der Zeit verliert sich.

Sie essen mehrmals am Tag und Sie allein bestimmen, mit welchem Bewusstsein Sie das tun. Gönnen Sie sich immer wieder zwischendurch beim Essen solche Augenblicke, in denen sich die Dimension der Zeit verliert und Sie das Leben berühren.
Ein angenehmer Nebeneffekt dieses bewussten Essens ist, dass sich Ihr Gewicht mit der Zeit von ganz allein reguliert. Wenn Sie achtsam sind für das, was Ihr Körper braucht, wenn Sie die Nahrung gut kauen, sodass sie Ihnen nicht wie ein Kloß im Magen liegt, sondern gut verdaut wird, dann schaffen Sie sich auch den Körper, der Ihnen entspricht.

Auch das Trinken können Sie zu einem wundervollen Erlebnis mit sich selbst gestalten, Schluck für Schluck, immer öfters.
Wann haben Sie zuletzt bewusst ein Glas Wasser getrunken?
Wie oft trinken wir etwas am Tag und merken gar nicht, was wir da tun! Zwei bis drei Liter schlucken wir gesundheitsbewussten Menschen hinunter und bekommen meist gar nicht so recht mit, was da in unsere Kehle fließt. Oder können Sie sich erinnern, wann Sie das letzte Wasser wirklich in sich gespürt haben?

Nehmen Sie sich doch ein Glas und füllen Sie es mit Leitungswasser.
Atmen Sie ein – atmen Sie aus.

Trinken Sie das Wasser und spüren Sie, wie es in Sie hineinfließt.
Fühlen Sie das Wasser in sich.
Atmen Sie ein – atmen Sie aus.
Seien Sie sich bewusst, was Sie im Augenblick tun.

Machen Sie auch das Trinken immer wieder einmal zu einem Erlebnis mit sich selbst. Niemand zwingt Sie, Dinge zu schlucken, die Sie nicht möchten. Sie entscheiden, was da an Flüssigkeit in Sie hineinfließt.
Gönnen Sie sich immer wieder das wundervolle Gefühl, das das Trinken Ihnen schenkt, und seien Sie achtsam, welche Energie Sie aufnehmen. Schenkt es Ihnen Energie oder vernebelt es Ihre Empfindungen und Wahrnehmungen? Stärkt es Ihren Körper oder schwächt es ihn? Versuchen Sie doch einmal, eine Zeit lang keinen Alkohol zu trinken. Sie werden verblüfft sein, wie fit Sie sich morgens fühlen und wie wenig Schlaf Sie brauchen. Keinen Alkohol zu trinken ist eine wundersame Möglichkeit, mehr Zeit zur Verfügung zu haben.

Im Alltäglichen ist das Heilige
Ich erkenne die Vollkommenheit in allem

Die Zeit kann man anhalten, indem man sich immer wieder den gegenwärtigen Augenblick bewusst macht. Nur so gelingt es, seine ganz eigene Zeit zu finden und ruhig, gelassen und frei zu sein. Die Verwirklichung der Zeitlosigkeit findet immer genau in dem Moment statt, in dem wir uns gerade befinden. Sie ist immer möglich und kein fernes Ziel, das wir irgendwann nach harter Disziplin und fleißigem Üben erreichen können.

Jede Handlung birgt Vollkommenheit.

In jedem Tun liegt die Chance, in das Universum der Zeitlosigkeit einzutreten, jede noch so unscheinbare Geste kann in Vollkommenheit ausgeführt werden und uns den magischen Zustand des Bewusstseins erleben lassen, in dem die Dimension der Zeit sich verliert.

Von Kindesbeinen an haben wir gelernt, auf die Zeit zu achten. Überall sind Uhren, selbst an unseren Handgelenken tragen die meisten diese Zeitmahner beständig mit sich herum. Weshalb? Haben wir so wenig Vertrauen in unser subjektives Zeitempfinden? Damit es leichter fällt, die eigene Zeit zu entdecken, würde ich Ihnen deshalb vorschlagen, die Uhr nur dann zu tragen, wenn Sie sie wirklich brauchen. Nehmen Sie sich die Freiheit, sie bewusst beiseite zu legen, und freuen Sie sich, nicht länger einer fremden Zeit unterworfen zu sein.

Bestimmen Sie selbst Ihre Zeit.

Nehmen Sie sich vor, alles, was sie tun, bewusst zu tun. Die Zeitlosigkeit liegt immer nur im Hier und Jetzt.

Als Beispiel mag hier eine Tätigkeit dienen, die nicht unbedingt zu den beliebtesten gehört: der tägliche Abwasch. Richten Sie Ihre ganze Aufmerksamkeit auf diese Aufgabe. Der Abwasch ist in diesem Augenblick das Wichtigste in Ihrem Leben. Nicht der Kaffee, den Sie vielleicht im Anschluss trinken, und auch nicht die Gespräche, die Sie während des Essens geführt haben und die Sie vielleicht noch beschäftigen. Seien Sie sich bewusst, dass Sie Ihren Teller in das Wasser tauchen, dass Sie ihn vom Schmutz befreien und ihn wieder rein werden lassen.

Wenn wir uns vergegenwärtigen, dass Materie zum großen Teil aus Energie besteht, ist es nahe liegend, dass ich mit meiner Energie in Beziehung treten kann zu allen anderen Energien – auch zur Energie dieses Tellers. Wenn ich bewusst abwasche, habe ich hinterher das Gefühl, dass meine Teller leuchten und die Gläser funkeln und mir so wieder Energie zurückstrahlen.

Ein weiteres Beispiel ist das Kochen. Sicherlich haben auch Sie schon die Erfahrung gemacht, dass, obwohl Sie dasselbe Rezept verwenden, das Gericht völlig unterschiedlich schmecken kann. Man merkt dem Essen an, mit welcher Energie es gekocht ist. Ein Essen, das mit Liebe gekocht wurde, schmeckt einfach anders!

Ich habe eine Freundin, die schon lange den Weg der inneren Entwicklung geht. Wenn ich bei ihr zum Essen eingeladen bin, habe ich immer das Gefühl, dass ihre Reinheit und Klarheit in dem Essen sichtbar wird, das sie gekocht hat.

Umgekehrt merkt man in vielen Restaurants, mit wie wenig Achtsamkeit die Dinge zubereitet worden sind. Im Zeitalter der Fertiggerichte und der Mikrowelle wird es immer schwieriger, wirklich gutes und reines Essen, das wirklich nährt, zu finden. Je mehr Sie auf die Energie achten, die Ihnen vorgesetzt wird oder die Sie sich selbst vorsetzen, desto mehr können Sie über sich und andere erfahren. Jedes Gericht erzählt so viel über die Person, die es zubereitet hat.

Achten Sie auf die Energie, die Sie zu sich nehmen.

Ein weiteres Feld der alltäglichen Selbsterkenntnis ist die Natur, der wir jeden Tag in irgendeiner Weise begegnen. Selbst wenn Sie in einer Großstadt an einem rauschenden Highway wohnen, sehen Sie, wenn Sie nach oben blicken, den blauen Himmel. Sehen Sie ihn wirklich? Den blauen Himmel?

Machen Sie doch, wenn Sie das nächste Mal nach draußen kommen, ein kleines Begrüßungsritual.

Ich blicke nach oben und sehe den blauen Himmel.
Ich atme seine blaue Vollkommenheit ein.
Ich atme seine blaue Vollkommenheit aus.
Seine blaue Vollkommenheit ist in mir.
Ich fühle meine Verbundenheit mit dem Himmel.
Ich bin eins mit allem.

Für Augenblicke eins sein mit allem.

Viele Menschen glauben, dass sie in eine besonders schöne Umgebung fahren müssen, um die Schönheit der Natur genießen zu können. Meist gelingt es ihnen dann dort auch, in Augenblicken ganz mit allem eins zu sein. Dieses Erlebnis ist jedoch nicht an den Ort gebunden, sondern an unsere Bereitschaft, offen zu sein für ein solches Erleben. Es ist überall möglich, in jedem Augenblick. Vor Ihrer Haustür. Gehen Sie doch gleich einmal hinaus und schauen Sie nach...

In jeder kleinsten Kleinigkeit ist die Vollkommenheit des Universums enthalten. Wir können sie immer und überall entdecken.

Erwählen Sie sich selbst die Tätigkeiten, bei denen es Ihnen leicht fällt, sie mit Vollkommenheit auszuführen. Selbst das Umblättern einer Buchseite kann ein solcher Akt der Vollkommenheit sein.

Der magische Bewusstseinszustand der Zeitlosigkeit kann in jedem Augenblick erreicht werden, in jeder noch so unscheinba-

ren Tätigkeit, die Sie ausführen. Denn entscheidend ist immer, mit welchem Bewusstsein Sie etwas tun.
Das bewusste Atmen hilft Ihnen, im Hier und Jetzt zu sein. Fragen Sie sich immer wieder: "Was tue ich gerade?"
Ein Meister erkennt daran, wie ein Schüler die Glocke läutet, wie weit er auf seinem Weg bereits gegangen ist.

Jede Handlung ist ein Ritual.

Jede Handlung, die wir ausführen, ist ein Ritual, das uns die Tür in den Raum der selbstbestimmten Zeit öffnet.
Denken Sie bei all Ihrem Handeln immer wieder: "Jetzt ist der Augenblick der Glückseligkeit. Hier und Jetzt ist Glücklichsein möglich." Ganz egal, ob Sie bei strömendem Regen in einem Hauseingang Schutz gesucht haben oder ob Sie noch ganz viele Dinge schaffen und erledigen müssen.
Ganz egal, was Sie tun. Gerade jetzt ist der glücklichste Augenblick Ihres Lebens.

Die Nahrung des Geistes
Ich habe Zeit für alles und kann es in Ruhe tun

So wie wir unseren Körper mit Energienahrung versorgen, so füttern wir auch unseren Geist. Wenn wir das Gefühl haben, dass uns die Zeit davon rast, besteht diese geistige Ernährung wahrscheinlich mehrmals am Tag aus den Sätzen: "Ich habe keine Zeit." – "Ich schaffe das nicht."

Es dann doch zu schaffen und Zeit zu haben wird mit dieser geistigen Programmierung nahezu unmöglich.

Seien Sie sich bewusst, dass Ihre Gedanken machtvoll sind, dass Ihre Gedanken Wirklichkeiten schaffen. Sie sind wie Bestellungen ans Universum. Wenn Sie immer wieder Gedanken und Gefühle nähren, dass Ihnen die Zeit davonrast, wird sie dies auch tun. Sie geben die Richtung Ihres Lebens vor. Deshalb können Sie sich in jedem Augenblick entscheiden, die Richtung zu ändern. Machen Sie sich Ihre Wahl bewusst und seien Sie bereit, neu zu wählen, wenn Ihnen diese Wahl nicht mehr entspricht.

Gedanken schaffen Wirklichkeiten.

In Ihnen schlummern alle möglichen Samen. Wenn Sie sich gestresst fühlen, ist in Ihnen gleichzeitig auch Ruhe und Harmo-

nie ist. Sie sind immer viel mehr als nur das eine Gefühl. Entscheidend ist jedoch, wohin Sie Ihre Aufmerksamkeit wenden. Es liegt an Ihnen, welche Samen Sie in sich gießen und welche Sie vertrocknen lassen. Machen Sie es sich zur Gewohnheit, die Dinge zu nähren, die Ihnen auch geistig wohl tun und die Ihnen helfen, alle Aufgaben mit Ruhe und Gelassenheit zu bewältigen. Die Sie auf neue, interessante Ideen bringen. Die Ihnen das Gefühl geben, Ihr Leben zu bereichern.
Gießen Sie jeden Tag den Gedanken: "Ich habe genug Zeit für alles. Ich kann alles in Ruhe tun." Gießen Sie diesen Gedanken gerade dann, wenn Sie das Gefühl haben, dass die Welt über Ihnen zusammenbricht. Und nehmen Sie den nicht wohltuenden Gedanken ihre Macht, indem Sie ihnen die Aufmerksamkeit und somit die Energie entziehen.

Sobald der Gedanke auftaucht: "Ich schaffe das nicht", atmen Sie ein – atmen Sie aus – sagen Sie sich in Ruhe: Aha, da ist er wieder, dieser Quälgeist. Hallo.
Ich atme ein – ich atme aus – ich bin ruhig (einatmen) – ich habe Zeit für alles (ausatmen) – ich lächle.

Wahrscheinlich meldet sich in Ihnen nun eine Stimme, die Ihnen suggeriert: "So einfach ist das nicht. Schließlich gibt es gewisse Verpflichtungen..."
Und wieder einmal: Doch, so einfach ist es! Ihre Sicht der Din-

ge bestimmt die Wirklichkeit, die Sie wahr-nehmen und in der Sie leben. Wenn Sie mehr von Ihrem Leben wollen als diese Hetzjagd vom einen zum anderen, dann ist es so einfach.
Machen Sie es sich zur Gewohnheit, auf Ihre eigenen Programmierungen zu achten, die Sie täglich denken und sogar laut aussprechen. Wir haben es so lange trainiert, wichtig zu sein und keine Zeit zu haben, dass wir unseren Geist sehr wachsam machen müssen, um die negativen Programmierungen abzustellen bzw. sie zu verändern.

Sobald eine solche auftaucht, atmen Sie ein – atmen Sie aus – sagen Sie sich in Ruhe: Aha, so nähre ich also meinen Geist. Das ist interessant.
Ich atme ein – ich atme aus – ich habe Zeit für alles (einatmen) – ich bin ruhig (ausatmen) – ich lächle.

Wir nehmen die Wirklichkeit wahr und glauben, dass das, was wir sehen, wirklich sei. Wir glauben uns im Besitz von Wahrheiten und merken gar nicht, wie diese uns eigentlich daran hindern, wirklich offen zu sein. Wir haben eine bestimmte Gewohnheit, die Dinge zu sehen, und deshalb fällt es uns schwer, Veränderungen überhaupt zuzulassen.
Wir können immer nur das wahr-nehmen, was wir als wahr erkennen. Unsere Wahrnehmung ist also in großem Maße abhängig von uns selbst.

Jeder Mensch bestimmt selbst seine Wahrnehmung.

Der vietnamesische Mönch und Dhyana-Meister Thich Nhat Hanh erzählte die folgende Geschichte: In Indien lebte ein Witwer mit seinem fünfjährigen Sohn allein in einer Hütte. Nach dem Tod seiner Frau war dieser Sohn sein einziger Lebensinhalt. Eines Tages musste er verreisen, um ein wichtiges Geschäft abzuschließen. Er ließ den Sohn, der viele Freunde hatte und sehr reif war für sein Alter, allein zurück. Kaum war der Vater weg, kamen Räuber. Sie nahmen mit, was sie brauchen konnten, brannten die Hütte nieder und entführten den kleinen Jungen. Als der Vater zurückkam, fand er in den verkohlten Resten seiner Hütte die Leiche eines Kindes. Er verbrannte sie und füllte die Asche in einen Beutel, den er fortan immer an seinem Herzen trug. Eines Tages schaffte es sein entführter Sohn, sich von seinen Peinigern zu befreien. Er machte sich sogleich voller Vorfreude auf den Weg zur Hütte seines Vaters. Doch als er spät am Abend dort klopfte und sagte, wer er sei, dachte der Vater, es wolle sich jemand über ihn lustig machen. Sein Sohn war tot. Und so blieben auch alle weiteren Versuche des Jungen, seinen Vater wieder zu sehen, erfolglos. Dem Jungen blieb nichts anderes übrig, als aus seiner Heimat fortzugehen.

Der Vater glaubte, die Wahrheit zu kennen, und war deshalb nicht einmal offen, die Wahrheit zu erkennen, als sie an seine Tür klopfte.

Jeder Mensch bestimmt selbst seine Wahrnehmung. Jede Wahrnehmung ist subjektiv und besitzt keine Allgemeingültigkeit. Alles kann so sein, kann jedoch auch ganz anders oder genau das Gegenteil sein. Deshalb ist es wichtig, dass Sie Ihre Wahrnehmungen immer hinterfragen.
Seien Sie zumindest ehrlich zu sich selbst. Stellen Sie sich immer wieder die Frage: Bin ich mir ganz sicher?
Wenn Sie sich angewöhnen, Situationen genau zu beobachten, werden Sie falsche Sichtweisen immer mehr durch tieferes Verstehen ersetzen.
In früheren Zeiten mussten die Menschen hart arbeiten, um genug zum Überleben zu haben. Das müssen wir heute nicht mehr. Trotzdem hat die Arbeit einen solch enormen Stellenwert, dass es schon fast an eine Art Besessenheit grenzt. Was verbirgt sich dahinter?
Nehmen Sie sich ein bisschen Zeit, wenn Sie die nun folgenden Fragen lesen, und spüren Sie, was sie bei Ihnen auslösen.

Weshalb habe ich das Gefühl, keine Zeit zu haben?
Was sind die tieferen Gründe in mir?
Habe ich Angst zu versagen und arbeite deshalb so viel, dass niemand meiner eigentlichen Schwäche auf die Schliche kommt?
Habe ich Angst, mir selbst zu begegnen, Angst vor dem, was da zutage kommen könnte?

Will ich mich nicht mit bestimmten Problemen konfrontieren und stürze mich deshalb so in meine Arbeit?
Will ich, dass die Arbeit schnell vorübergeht, damit ich hinterher die Dinge machen kann, die mir wirklich Spaß machen?
Will ich, dass mein Leben schnell vorübergeht, weil ich keinen Sinn darin erkennen kann?

Was auch immer Sie nun denken oder gedacht haben, es ist ein Teil von Ihnen. Diese Erkenntnis ist weder gut noch schlecht, sondern einfach nur eine tiefere Einsicht, die Sie als solche annehmen können, mit der Sie dem Gefühl, dass die Zeit Ihnen zwischen den Fingern zerrinnt, auf die Spur kommen können. Wenn Sie tief in sich hineinhorchen und die tieferen Ursachen verstehen lernen, die dazu führen, dass Ihnen die Zeit davonläuft, werden Sie immer mehr zum Meister Ihrer selbstbestimmten Zeit.

Sie werden zum Meister Ihrer selbstbestimmten Zeit.

Wir werden alle täglich mit so viel geistigem Müll konfrontiert, dass wir oft mit bewussten Entscheidungen geistig Nahrhaftes entgegensetzen müssen.
Wir sind alle auf dieser Welt, um uns weiterzuentwickeln und um etwas zu lernen. Was möchten Sie gern lernen?
In welche Richtung wollen Sie gehen?
Gibt es etwas, was Sie schon immer gern gemacht hätten, sich jedoch nicht getraut haben?
Wieso planen Sie nicht jetzt sofort den ersten Schritt dorthin?

Und ganz egal, für was Sie sich entscheiden oder welche geistige Nahrung Sie für sich nun bevorzugen, ob Sie ein Buch lesen, eine Zeitschrift, sich einen Vortrag anhören, gestatten Sie sich immer die Frage: Tut mir das wirklich gut?

Und selbst wenn andere befinden, dass dies gut sei, achten Sie immer auf Ihre eigenen Gefühle: Ist es das, was ich will?

Sie werden merken, dass Sie sehr wohl wissen, was für Sie und für die Menschen um Sie herum wohltuend und nahrhaft ist. Sie müssen nur Ihre Achtsamkeit dafür schulen. Je mehr Sie fest gefügten Wahrnehmungen misstrauen und lernen, die Realität wahrzunehmen, wie sie wirklich ist, desto authentischer werden Sie in Ihrer Wahrnehmung sich selbst gegenüber. Viele angeblich so wichtigen Dinge werden ihre Bedeutung verlieren, vielleicht andere Ihnen wichtig werden, für die Sie früher gar keine Zeit gehabt hätten.

Sehen Sie die Wirklichkeit, wie sie wirklich ist.

Das mag Sie wahrscheinlich in den Augen anderer manchmal als unbequem und unangepasst erscheinen lassen, doch ist dies Ihr Leben und Ihre Wahl, dieses Leben zu gestalten und mit dem Leben wirklich in Berührung zu sein.

Es ist Ihre Zeit, nutzen Sie sie für sich und für die Dinge, die Ihnen wirklich wichtig sind. Sie können immer alles in Ruhe tun. Haben Sie Vertrauen in sich selbst und in das, was Sie tun. Beobachten Sie Ihre Programmierungen und Wahrnehmungen liebevoll und transformieren Sie durch bewusstes Atmen alle, die

In Ihnen ist Frieden und Harmonie.

nicht heilsam sind und Ihnen nicht wirklich gut tun. Ändern sie diese Schritt für Schritt, so gehen Sie immer tiefer hinein in den Raum von Frieden und Harmonie. Sie lernen immer mehr, in jeder Situation gelassen zu bleiben, ganz egal, wie groß der Druck von außen auch sein mag – denn in Ihnen hat er keine Entsprechung mehr.

Fliegende Gedanken stoppen
Ich kann nur im Augenblick mit dem Leben in Berührung kommen

Man kann immer nur im gegenwärtigen Augenblick mit dem Leben in Berührung kommen. Die Vergangenheit ist vergangen, die Zukunft ist noch nicht, das Einzige, was zählt, ist der Augenblick. Und doch hängen die meisten Menschen Erinnerungen der Vergangenheit nach oder träumen von der Zukunft und vergessen dabei, dass sie sich nur im gegenwärtigen Augenblick selbst begegnen können. Nur da findet Leben statt, Lebendigsein.

Das Einzige, was zählt, ist der Augenblick.

Nur der Augenblick kennt den magischen Zustand des Bewusstseins, in dem die Dimension der Zeit sich verliert und ein Gefühl der vollkommenen Harmonie und der Verschmelzung mit dem Universum alles erfüllt.

Im Laufe unseres Lebens haben wir so sehr gelernt, unseren Kopf brillant zu gebrauchen, dass er große Bereiche unseres Daseins bestimmt. Der Intellekt hat eine Macht über uns, die uns ganz selbstverständlich geworden ist und die wir nicht in Frage stellen. Wir machen uns nicht mehr oder nur selten bewusst, über was wir ständig nachdenken. Die Gedanken rattern ganz automatisch durchs Hirn. Völlig unnütze Gedanken, die sich mit allem Möglichen beschäftigen, nur nicht mit der gegenwärtigen Wirklichkeit. Wir denken ständig in tausend Richtungen, unsere Gedanken fliegen schon zu dem, was wir anschließend tun sollten oder noch nicht getan haben, und sind nur ganz selten wirklich bei dem, was wir gerade machen.

Wir glauben, konzentriert zu arbeiten, doch wenn wir uns selbst beobachten, stellen wir fest, dass die Gedanken immer schon weitergehuscht sind.

Viele von Ihnen werden das Gefühl haben, dass das bei Ihnen nicht so ist, dass sie konzentriert bei der Sache sind. Beginnen Sie trotzdem, einmal auf Ihre Gedanken zu achten – ich bin mir sicher, dass Sie erschreckt sein werden, was Ihr Kopf da immerfort für Kapriolen veranstaltet.

Beobachten Sie Ihre Gedankenflüge.

Und sobald Sie anfangen, diese Gedankenflüge zu beobachten, und lernen, sie wahrzunehmen und abzuschalten, werden Sie erfahren, wie viel effektiver Sie arbeiten können. Es gibt nur zwei Möglichkeiten: Entweder Sie sind ganz bei dem, was Sie tun, oder Sie widersetzen sich in irgendeiner Weise dem, was Sie tun. Je mehr Sie lernen, mit Hingabe und Achtsamkeit das zu tun, was Sie gerade tun, desto mehr können Sie tun.

Wie unnütz solche Gedankenflüge sind, weiß jeder, der schon einmal nachts wach gelegen hat und nicht schlafen konnte. Wie

von einem magischen Kreisel angetrieben, drehen sich die Gedanken im Kreise, man kommt vom Hundertsten ins Tausendste, fasst lebenswichtige Beschlüsse für den nächsten Tag und muss dann jedoch feststellen, dass die tollkühnen Theorien bei Tageslicht wieder ganz anders aussehen. Weshalb hat man die Nacht damit zugebracht, so viele unnütze Gedanken im Kopf hin und her zu schieben?
Sobald Ihre Gedankenflüge Ihnen bewusst werden, werden Sie feststellen, dass auch die Gedanken, die tagsüber immer schon vorauseilen, nutzlos sind. Sie können immer nur das eine tun und dann das Nächste. Die Gedanken, die schon woanders sind, lenken Sie eigentlich nur davon ab, das, was Sie im Augenblick tun, bewusst zu tun.

Beobachten Sie Ihre Gedankenflüge.
Atmen Sie ein – atmen Sie aus.
Versuchen Sie, sich ganz auf Ihre Atmung zu konzentrieren.
Schwupps, schon nach kurzer Zeit rattert ein Gedanke durch Ihren Kopf.
Das ist nicht weiter schlimm.
Nehmen Sie den Gedanken wahr: Aha, daran denke ich also.
Und gestatten Sie sich, durch bewusstes Atmen wieder in den Augenblick zurückzukehren und Ihr Tun bewusst fortzusetzen.
Verfahren Sie so immer wieder neu, bei jedem Gedanken, der daherschwupst.

Ich atme ein – ich bin mir bewusst, dass ich einatme.
Ich atme aus – ich bin mir bewusst, dass ich ausatme.
Es gibt nur das Hier (einatmen).
Und das Jetzt (ausatmen).
Ich bin ruhig (einatmen).
Ich lächle mir zu (ausatmen).

Sie werden erleben, wie diese kleine unscheinbare Übung Sie achtsam für das werden lässt, was Sie gerade tun. Sie hilft Ihnen, sich nicht durch ständige Gedanken, Gefühle und Empfindungen ablenken zu lassen. Es ist zunächst vielleicht schwer vorstellbar, dass Sie dadurch, dass Sie scheinbar langsamer werden, effizienter und tatkräftiger werden. Doch das Magische ist, dass es genau so ist. Wenn Sie Ihrem Tun volle und bewusste Beachtung schenken, entwickeln Sie eine neue Beziehung zur Zeit.
Ich habe eine Freundin, die, immer wenn sie das Gefühl hatte, die Arbeit wachse ihr über den Kopf, einen halben Tag freimachte. Das scheint zunächst völlig unlogisch zu sein und Ihre erste Reaktion wird vielleicht sein: "Na ja, dann hatte sie sicherlich nicht so viel zu tun wie ich. Ich könnte mir das nicht leisten."

Mit Ruhe können Sie andere Prioritäten setzen.

Doch! Sie können. Denn wenn Sie selbst zur Ruhe kommen, nehmen Sie den Arbeitswust aus der Distanz ganz anders wahr, können ausgeruht andere Prioritäten setzen und eins nach dem anderen tun.

Sie müssen es einfach nur ausprobieren, um sich davon zu überzeugen, dass es tatsächlich funktioniert. Und Sie müssen, um Ihre Zeit optimal für sich zu haben, vor allem ehrlich bleiben sich selbst gegenüber. Denn nur Sie allein wissen, mit welchem Bewusstsein Sie tatsächlich bei der Sache sind und mit was Sie tatsächlich Ihre Zeit verbringen.
Um immer wieder in diesen magischen Raum der effizienten Langsamkeit einzutreten, habe ich mir für mich eine Art spielerisches Ritual überlegt. Immer, wenn ich ein Gefühl von Stress spüre, mache ich Folgendes:

Ich atme ein (der Bauch hebt sich).
Ich atme aus (der Bauch senkt sich).
Ich bin ruhig (einatmen).
Ich mache eins nach dem anderen später in Ruhe (ausatmen).
Ich lächle mir zu.
Ich mache dies so lange, bis ich wieder ruhig und gelassen bin.

Ich habe mich dann oft gefragt, ob dieses "später in Ruhe" nicht irgendwann einmal erschöpft sein könnte, begrenzt sein könnte. Dass ich nicht beliebig viele Dinge später in Ruhe tun kann, weil die Zeit nicht reicht. Doch habe ich diese Zweifel inzwischen völlig verloren und ein unbegrenztes Vertrauen in die Zeit. Denn ich konnte immer alles später in Ruhe tun, weil die Zeit sich zu dehnen scheint, wenn man ihr vertraut.
So betrachtet, ist Stress in der Tat selbst gemacht. Wir können

uns in jedem Augenblick entscheiden, keinen Stress zu haben. Wir nehmen das Stressgefühl wie unsere fliegenden Gedanken zwar wahr, begrüßen es, wenn wir es erkennen, bringen uns jedoch mit bewusstem Atmen wieder zu uns selbst zurück und können in Ruhe das tun, was wir zu tun haben. Das Gefühl von Stress lenkt Sie nur davon ab, wirklich bewusst und effizient zu handeln.

Atmen Sie immer so lange ein – aus, bis Sie wieder ruhig sind. Sich bei dem heutigen Leistungsdruck gestresst zu fühlen ist verständlich. Doch entscheidend ist auch hier Ihr Umgang mit diesem Gefühl. Mit dem bewussten Einatmen – Ausatmen nehmen Sie ihm die Macht über sich. Sie entziehen ihm sozusagen die Energiezufuhr, anstatt es weiter zu nähren und sich selbst damit zu schaden.

Fühlen Sie sich immer mehr zu Hause in dem Raum der zeitlosen Langsamkeit, in dem Sie bewusst und in Ruhe all das tun können, was Sie zu tun haben.

Die Zeit ist Ihr Verbündeter, sie arbeitet nicht gegen Sie, sondern immer für Sie.

Niemand muss unter Stress leiden.

Niemand muss unter Stress leiden oder unter dem Gefühl, dass ihm die Zeit davonrast. Doch jede noch so schlaue Theorie ist nutzlos, wenn sie nicht angewendet wird. Wie sehr die Praxis Ihr Vertrauen in sich und Ihre Zeit verstärken wird, können Sie nur an sich selbst erfahren. Und nur, was Sie an sich selbst erfahren, ist für Sie richtig.

Sie werden mit zunehmender Praxis und Gelassenheit auch wahrnehmen, dass viele Menschen fast aggressiv auf Ihre kaum zu erschütternde Ruhe reagieren und Ihre vielleicht noch in Resten vorhandenen Zweifel zu nähren versuchen. Das ist verständlich, denn auch sie wurden jahrelang konditioniert und es ist immer einfacher, im Außen jemanden für das eigene Leiden verantwortlich zu machen, als bei sich selbst etwas zu verändern. Es ist aber nun einmal eine unumstößliche Tatsache des Lebens, dass jeder immer nur sich selbst und seine Sicht der Dinge verändern kann. Das Beste ist, Menschen, die zweifeln, an der Hand zu nehmen und ihnen die ersten Schritte auf dem Weg in den magischen Raum der Zeitlosigkeit zu zeigen. Er steht allen, die ihn wirklich betreten wollen, offen. Jeder kann im gegenwärtigen Augenblick mit dem Leben in Berührung kommen und die ihm zur Verfügung stehende Zeit in die Ewigkeit dehnen.

Verändern kann man immer nur sich selbst.

Alles verändert sich
Ich sehe die Wirklichkeit, wie sie wirklich ist

Ohne Veränderung kann Neues nicht entstehen. Diese Unbeständigkeit allen Seins ist eines der Grundgesetze des Lebens. Wie sonst könnte aus einem jungen Mädchen eine wunderschöne Frau werden? Wie aus der wunderschönen Frau eine weise alte Frau? Wir Menschen bestehen aus unserem Körper, unseren Gefühlen, unseren Wahrnehmungen, unseren Geistesregungen und unserem Bewusstsein. Eines Tages werden wir sterben und dann werden all diese Dinge, die uns ausmachen, sich verändern. Ohne Tod gibt es keine Geburt und ohne Geburt keinen Tod.

Das Leben ist Veränderung.

Das Leben ist Veränderung. In jedem Augenblick. Nichts bleibt, wie es ist. Und doch suchen viele Menschen unentwegt nach Beständigkeit, nach Sicherheit und wollen die Veränderlichkeit allen Seins nicht akzeptieren.

Es ist nicht leicht, aber wichtig, sein eigenes Leben unter diesem Blickwinkel zu betrachten. Denn mit dem Vertrauterwerden dieser Veränderlichkeit allen Seins beginnen wir ganz von selbst, uns für die wirklich wichtigen Dinge im Leben zu öffnen und mit einem tiefen Gefühl von Freiheit in das Universum der gelebten Augenblicke einzutreten.

Auch über die Angst vor dem Sterben spricht man nicht so leicht. Weshalb? Was ist so schlimm an der Tatsache, dass wir irgendwann einmal, wenn unsere Zeit abgelaufen ist, nicht mehr hier sind? Weshalb klammern wir uns so sehr an dieses Leben, dass der Gedanke an unseren Tod uns oft verzweifeln lässt?

Viele Menschen leben deshalb, als seien sie unsterblich. Sie haben in der Zeit, die ihnen auf der Erde gegeben ist, keine Zeit. Sie hecheln vorwärts, wollen immer schon weiter sein und sind deshalb nie da, wo sie sein könnten: im augenblicklichen Kontakt mit ihrem Leben.

Mit der eigenen Vergänglichkeit setzen sie sich meist nur dann auseinander, wenn ein geliebter Mensch stirbt, und verdrängen diese Tatsache dann nach einer gewissen Zeit möglichst schnell wieder. Sie haben Angst vor dem Alleinsein, verplanen ihre Zeit, wollen am liebsten immer jemanden in ihrer Nähe haben und drücken zur Not den Knopf der Fernbedienung ihres Fernsehers, um ja nicht mit dieser "dunklen Seite" ihres Lebens konfrontiert zu werden.

Geburt und Tod gehören zum Leben.

Doch es wird niemandem gelingen, sich dem Älterwerden und der eigenen Sterblichkeit zu entziehen. Geburt und Tod gehören zum Leben. Und dazwischen liegen unzählige Augenblicke, die wir auf dieser Welt

geschenkt bekommen und in denen wir uns lebendig fühlen können. Es liegt an uns, ob wir sie ergreifen oder vorbeiziehen lassen wollen.
Wir können nicht die Gesetze des Lebens verändern, doch wir können unsere Einstellung verändern. In jedem Augenblick bestimmen wir die Intensität unseres Lebens. Es gibt nur das Hier und das Jetzt. Das Glück ist möglich. In diesem Augenblick.

Ich atme ein – ich atme aus.
Ich bin bei mir (einatmen) – ich bin angekommen (ausatmen).
Es gibt nur das Hier (einatmen) – und das Jetzt (ausatmen).
Ich fühle mich lebendig (einatmen) – und lächle mir zu (ausatmen).

Atmen Sie weiter und lassen Sie die folgenden Sätze in sich einsickern.
Ich wurde geboren. Ich werde älter. Ich werde sterben.
Dazwischen liegt mein Leben voll wundervoller Augenblicke.
Ich selbst bestimme, mit welcher Qualität ich lebe.
Ich selbst bestimme, mit was ich meine Zeit verbringe.
Ich will das Geschenk des Lebens in Dankbarkeit annehmen.
Ich will mein Leben achten.
Ich will das Leben anderer achten.

In meinem Herzen ist Liebe und Verstehen für all die Lebewesen, die mit mir zur selben Zeit auf dieser Erde leben.
Mit diesem veränderten Bewusstsein der eigenen Existenz geht automatisch auch eine Veränderung der Wertigkeiten einher. Jeder von uns ist lange nicht so wichtig, wie er zu sein glaubt. Er ist Teil eines riesigen kosmischen Veränderungsprozesses und hat mit diesem Leben die Chance, sein Bewusstsein zu entwickeln.

Ihr Bewusstsein verändert Ihre Wertigkeiten.

Die Zeit anzuhalten bedeutet also nicht, der Flucht vor der eigenen Sterblichkeit Nahrung zu geben oder noch mehr Zeit zu haben, denselben Wahnsinn zu leben wie bisher. Es bedeutet vielmehr, die Wirklichkeit so zu sehen, wie sie ist: mit der Einsicht in die Veränderlichkeit allen Seins und der Hingabe an den gegenwärtigen Moment offen zu sein für die eigene Entwicklung und Augenblicke zu leben, in denen alle Begrenzungen aufgehoben sind.

Zeit für andere?
Menschen sind für mich ein Geschenk des Lebens

Wer wenig Zeit hat für sich und für andere, muss, was Freunde angeht, Abstriche machen und beschränkt sich meist auf die, die ihm vertraut sind. Die wenige Zeit, die in der Freizeit für andere bleibt, will man möglichst sinnvoll verbringen, mit Menschen, die man mag. Wenn wir immer schon weiter sein wollen, als wir sind, fällt es uns dann jedoch meist schwer, im Gespräch mit anderen wirklich mit ihnen zu sein, wirklich zur Ruhe zu kommen und sie in ihrer Ganzheit wahrzunehmen. Sehr oft sind wir zwar körperlich anwesend, aber nicht wirklich da.

Bei der Idee des Zeitanhaltens geht es auch in der Beziehung zu anderen Menschen nicht darum, seine Zeit anders einzuteilen, möglichst viel mehr Zeit für Freunde und Familie abzuzwacken, sondern zu lernen, die Augenblicke, die man mit anderen zur Verfügung hat, wahrhaftig zu erleben. Die anderen wahrnehmen, hören, was sie sagen, den Augen-Blick genießen und wirklich präsent sein.

Präsent sein ist die Voraussetzung, um andere wahrzunehmen.

Sicherlich kennen Sie selbst aus Gesprächen, dass, solange einer spricht, Ihre Gedanken schon weiterrattern, Sie an Ihre eigenen Erlebnisse denken und Sie dann das Gespräch fortführen: "Ach, da habe ich das und das erlebt..."
Immer sind wir schon weiter, als wir im Augenblick sind, hören nicht wirklich, was der andere sagt, sondern überlegen uns, wie wir uns selbst einbringen können. Wieder sind es die fliegenden Gedanken, die uns aus dem Augenblick wegtragen und verhindern, dass wir anderen wirklich begegnen.
Achten Sie doch bei Ihrem nächsten Gespräch mit anderen auf diese Ablenkungen und holen Sie sich bewusst in den Augenblick zurück:

Ich will mich diesem Menschen widmen.
Ich will ihm mit voller Aufmerksamkeit begegnen.
Werde ich durch Gedanken oder Gefühle abgelenkt, nehme ich diese zur Kenntnis.
Ich atme ein – ich atme aus.
Dann wende ich meine Aufmerksamkeit wieder meinem Gegenüber zu.

Vielen ist die Fähigkeit abhanden gekommen, wirklich zuzuhören. Wenn es Freunden schlecht geht und sie mit uns reden wollen, geht es ihnen nicht darum, uns zuzuhören, sondern sich ihren eigenen Kummer von der Seele zu reden.

Machen Sie sich dies in der Begegnung immer wieder bewusst, üben Sie sich darin, ein guter Zuhörer zu sein.

Da wir alle so sehr daran gewöhnt sind, möglichst brillant durch Rede und Widerrede zu glänzen, können Sie für den Anfang ein Hilfsmittel benutzen, das uns die Gewohnheit, sofort an uns selbst zu denken, zu durchbrechen hilft: Der eine spricht so lange, bis er nichts mehr zu sagen hat. Und dann erst der andere. Sie werden durch diese garantierte Redezeit sozusagen gezwungen, sich wirklich auf das, was der andere sagt, einzulassen und sich nicht durch Gereiztheit, Ärger oder fliegende Gedanken ablenken zu lassen. Versuchen Sie, den anderen tief in sich zu verstehen, versuchen Sie, sein Leid mitzufühlen, atmen Sie immer wieder bewusst, um mit ihm den Augenblick zu teilen. Ein Freund, der wirklich tief zuhört und versteht, ist oft mehr wert als ein Therapeut.

Ein Freund ist oft mehr wert als ein Therapeut.

Wenn Sie dann selbst reden, haben Sie die Chance, etwas von sich zu geben, Ihre Einsamkeit in der Begegnung zu überwinden. Obgleich viele das Gefühl haben, dass ihnen die Zeit davonrast, benutzen sie diese Chance nur allzu selten. Sie reden und reden und reden. So viel unnützes Zeug, was weder ihnen selbst noch jemand anderem irgendetwas bringt. Sie haben keine Zeit und die Zeit, die sie haben, nutzen sie nicht wirklich. Sie haben Angst, die nach außen hin perfekte Fassade zu zerstören und ihr wahres Gesicht zu zeigen.

Ich selbst bin immer wieder ganz fasziniert zu sehen, wie viel Mühe sich die Menschen geben, ihr äußeres Erscheinungsbild so perfekt wie möglich zu gestalten, und wie wenig sie sich um ihr Inneres kümmern. Um ja möglichst wenig von ihrem Inneren nach außen zu lassen? Fast kommt es mir so vor, als hätten sie Angst vor dem, was da in ihnen ist. Wie einsam müssen sie sein?
Lesen Sie die nun folgenden Sätze und spüren Sie nach, was sie in Ihnen auslösen.

Ich bin so, wie ich bin.
Ich bin vollkommen.
Ich nehme mich so an, wie ich bin.
Mit meinen Stärken.
Mit meinen Schwächen.
Ich bin ehrlich zu mir selbst.
Ich will anderen wirklich begegnen.
Ich offenbare ihnen, was mich innerlich bewegt.

Wenn wir anderen Menschen in Augenblicken wirklich begegnen, intensiv mit ihnen zusammen sind, brauchen wir nicht ständig den Kontakt nach außen. Wenige wirkliche Begegnungen sind sehr viel beglückender und bereichernder als ständig oberflächliche.
Nutzen Sie die Zeit, die Ihnen mit anderen zur Verfügung steht.

Reden Sie über das, was Sie gerade wirklich beschäftigt. Machen Sie es sich zur Angewohnheit, die Wahrheit zu sagen. Wenn Sie wirklich mit anderen sein wollen, bringt es niemandem etwas, wenn Sie die Unwahrheit sagen. Sie vergeuden damit leichtfertig Ihre Zeit und die Zeit der anderen.

Sprechen Sie liebevoll und gebrauchen Sie Worte, die Selbstvertrauen, Freude und Hoffnung wecken. Worte können Glück hervorbringen oder töten. Seien Sie sich der Macht Ihrer Worte bewusst. Niemandem ist damit gedient, dass Sie Ihren Ärger herausschleudern und Ihre eigene Unreife präsentieren.

Machen Sie es sich zur Angewohnheit, die anderen immer als ein Geschenk zu betrachten. Jeder Mensch, der Ihnen begegnet, hat eine Botschaft für Sie. Jeder. Und je unmöglicher er sich Ihnen gegenüber verhält, desto größer ist Ihre Herausforderung, desto mehr können Sie in kürzester Zeit über sich selbst lernen.

Jeder Mensch hat eine Botschaft für Sie.

Denken Sie immer wieder: Jeder Mensch, der mir begegnet, ist ein Geschenk. Was kann ich von ihm lernen?

Nutzen Sie die Zeit, die Ihnen mit anderen zur Verfügung steht.

Sich selbst annehmen
Zeitlosigkeit ist in mir

Wer sein Zeitbewusstsein ändern will, muss sein Selbstbewusstsein ändern.

Im magischen Bewusstseinszustand der Zeitlosigkeit berühren wir das Leben und sind eins mit allem. Doch um eins zu werden mit allem, müssen wir eins sein mit uns, bei uns zu Hause sein und uns in uns selbst wohl fühlen. Wer also sein Zeit-Bewusstsein ändern will, muss bei sich selbst, bei seinem Selbst-Bewusstsein beginnen und lernen, seine eigene Wirklichkeit wahrzunehmen. Wenn wir Ruhe und Harmonie in unserem Leben außen verwirklichen wollen, müssen wir Ruhe und Harmonie in uns selbst schaffen.

Unser Körper ist das Geschenk des Lebens an uns. Er ist ein wahres Wunderwerk der Natur – das allerdings die meisten von uns als Selbstverständlichkeit betrachten, solange es reibungslos funktioniert.

Mir tut es immer weh, wenn ich sehe, wie gering Menschen dieses Geschenk achten und es sogar bewusst zerstören. Weshalb tun sie so etwas? Dieses Geschenk des Lebens ist doch unvergleichlich und wundervoll!

Schließen Sie kurz die Augen und öffnen Sie sie dann wieder.

Ist nicht allein schon das Sehen etwas Magisches?
Streicheln Sie nun mit Ihren Fingern über Ihre Haut. Wie viel sehr komplexe Vorgänge sind wohl notwendig, damit Sie dieses angenehme Kribbeln fühlen?
Atmen Sie ein und fühlen Sie, wie die Luft sanft Ihre Nasenwände berührt. Wie Sie bereits erfahren haben, atmen Sie manchmal durch das linke, manchmal durch das rechte Nasenloch. Wie oft haben Sie diese geniale Arbeitsteilung schon bewusst wahrgenommen?

Das sind nur kleine Beispiele, die uns helfen, ein Bewusstsein für unseren Körper zu schaffen. Trotzdem sind die wenigsten so mit sich zufrieden, wie sie sind. Sie wollen dünner sein, dicker sein, denken den ganzen Tag an einen Pickel im Gesicht und schicken so permanent Gedanken in die Welt, die völlig unnötig sind. Sie können nicht im Augenblick glücklich sein, weil sie nicht so sein wollen, wie sie nun einmal sind, und sich selbst nicht annehmen.

Für dieses Leben ist uns dieser Körper geschenkt worden. Abgesehen von genetischen Dispositionen ist er genau so, wie wir ihn uns bisher geschaffen haben. Das ist weder gut noch schlecht, sondern es ist, wie es ist.

Menschen, die mit sich selbst nicht zufrieden sind, neigen dazu, ständig andere zu beurteilen. Wer sich selbst nicht mag, kann auch andere nicht mögen. Wer sich selbst nicht annimmt, kann auch andere nicht annehmen. Wer jedoch liebevoll mit sich selbst ist, wird auch mit anderen liebevoll sein. Wie ein Mensch mit anderen ist, zeigt, wie er sich selbst behandelt.

Wie viel Gedanken machen Sie sich um Ihr
Äußeres?
Sind Sie mit sich zufrieden?
Freuen Sie sich, wenn Sie sich selbst im Spiegel betrachten?

Innere Schönheit wird äußerlich sichtbar, durch strahlende Augen, ein friedvolles Lächeln, durch liebevolle Menschlichkeit. Verschwenden Sie nicht Ihre Zeit damit, ständig anders sein zu wollen, als Sie sind. Sie stehen sich damit nur selbst im Weg. Wenn Sie z.B. zärtlich gestreichelt werden und dabei denken: "Jetzt merkt er, wie dick ich bin", nehmen Sie sich selbst die Möglichkeit, wirklich mit dem Leben in Berührung zu sein. Lesen Sie die folgenden Sätze achtsam und beobachten Sie Ihre Reaktionen.

Ich atme ein – ich atme aus.
Ich freue mich (einatmen), dass ich so bin,
wie ich bin (ausatmen).
Ich bin vollkommen (einatmen).
In mir sind alle Möglichkeiten angelegt (ausatmen).

Ich atme ein und fühle die Ganzheit meines Körpers.
Ich atme aus und lächle mir zu.

Bei den Tibetern wird der Körper als das Fahrzeug angesehen, mit dem wir unseren Geist durch dieses Leben fahren. Seit über zweitausend Jahren beschäftigt sich die tibetische Wissenschaft mit der Erforschung dieses Geistes und nicht mit der Erforschung der "Karosserie", wie das in der westlichen Welt sehr verbreitet ist. Um diesen Geist optimal zu transportieren, ist es wichtig, das Fahrzeug instand zu halten. Wenn bei einem Auto die Öllampe aufleuchtet, ist es für jeden selbstverständlich, Öl nachzufüllen. Wenn an unserem Körper uns ein Zeichen sagt, dass etwas nicht in Ordnung ist, z.B. wenn wir Kopfschmerzen haben, dann achten wir dieses Zeichen nicht, sondern schlucken eine Kopfschmerztablette. Das ist ungefähr so, als ob wir das Öllämpchen kaputt schlagen, damit wir es nicht mehr sehen müssen.

Achten Sie auf die Zeichen Ihres Körpers.

Unser Körper redet unaufhörlich mit uns, doch wir wollen seine Sprache nicht mehr verstehen. Wir haben kein Vertrauen mehr in dieses Wunderwerk der Natur, sondern unbegrenztes Vertrauen in die Wissenschaft, die dieses Wunderwerk der Natur noch keineswegs in seiner Komplexität erfassen konnte. Entbehrt das nicht jeglicher Logik?

Wir leiden an Verstopfung und nehmen ein Abführmittel, anstatt unsere Ernährung umzustellen. Wir haben Verspannungen und gehen zur Massage, anstatt wieder richtig sitzen zu lernen. Mit all dieser Hilfe von außen geben wir unsere Selbstverantwortung ab und lassen uns fremdbestimmen. Denn wirkt das Abführmittel nicht oder die Massage, dann liegt es nicht an uns, sondern eben an dem Mittel oder dem Masseur.

Es gibt keine Wirkung ohne Ursache. Keine Ursache ohne Wirkung. Nichts kann unabhängig voneinander entstehen. Diese Ursachen zu ergründen gehört mit zu den spannendsten Aufgaben, die uns das Leben zu bieten hat.

Es gibt keine Wirkung ohne Ursache.

Machen Sie es sich zur Gewohnheit, wieder auf die leise Sprache Ihres Körpers zu hören, bevor er sich laut mit Schmerzen meldet. Sie bekommen ständig Zeichen, für die Sie achtsam werden können. Ein paar Beispiele sollen dies verdeutlichen.

Wie fühle ich mich. *Die Vorgänge in meinem Körper zeigen mir meine Wirklichkeit.*

Welche Botschaften gebe ich mir selbst? *Alles, was ich zu mir sage, programmiert mich.*

Welches Lied singe ich da vor mich hin? *Lieder geben mir Informationen aus meinem Unbewussten.*

Wie beurteile ich andere? *Alles, was mir an anderen nicht gefällt, mag ich an mir selbst nicht.*

Wie reagieren andere auf mich? *Die Reaktion der anderen zeigt mir, was ich ausstrahle.*

Je mehr Sie lernen, solche Zeichen bewusst wahrzunehmen, desto mehr Zeichen werden Sie *wahrnehmen* und Ihre eigene Wirklichkeit besser kennen lernen. Je mehr Sie bei sich selbst bewusst wahrnehmen, desto bewusster werden Sie für den gegenwärtigen Augenblick. Der gegenwärtige Augenblick ist der wundervollste Augenblick Ihres Lebens. Er ist nicht in der Vergangenheit und nicht in der Zukunft. Hier. Jetzt. Ist das Glück möglich. Mit Ihnen. Genau so, wie Sie sind. Mit diesem Körper, der Ihnen geschenkt wurde. Sie brauchen keinen anderen, um glücklich und mit dem Leben in Berührung zu sein. Vertun Sie nicht so viele Augenblicke Ihres Lebens, indem Sie sich vorstellen, wie Sie gern sein möchten. Wie viel Zeit verschwenden vor allem Frauen mit so unsinnigen Gedanken.

So, wie Sie sind, ist Glücklichsein möglich.

Je mehr Sie Ihre ganz eigene Wirklichkeit wahrnehmen, so wie sie ist, desto tiefer wird Ihr Zugang zum Leben und Ihre Fähigkeit, selbst Ihre Zeit zu bestimmen.

Die lähmende Macht der Gefühle
Ich bestimme eigen-mächtig meine Zeit

Wie oft ärgern wir uns, sind eifersüchtig und erfüllt von Hass. Wir sind so sehr mit diesem Gefühl beschäftigt, dass wir gar nicht merken, welchem Zeiträuber wir damit Macht über uns geben.

Impulsiv zu sein wird in unserer Gesellschaft oft gleichgesetzt mit lebendig sein. Wer heftig reagiert, ist angeblich dem tiefen Erleben näher als Menschen, die ihre Gefühle in sich hineinfressen und Magengeschwüre bekommen. Betrachtet man jedoch beide Reaktionen tiefer, so wird man feststellen, dass sie sich im Grunde sehr ähnlich sind, denn in beiden Fällen haben die Gefühle Macht über den Menschen: der Erste handelt, getrieben von einem Gefühl, zwanghaft, der Zweite wird krank.

Doch Gefühle sind nichts als Gefühle und ein Mensch ist immer sehr viel mehr als nur ein einziges Gefühl. Ich bin immer mehr als mein Ärger. Ich bin immer mehr als meine Eifersucht. Trotzdem neigen wir dazu, dem einen Gefühl sehr viel Macht zu geben. Wir halten das für berechtigt, schließlich gab es ja auch einen

Jeder Mensch ist sehr viel mehr als nur ein Gefühl.

Grund, weshalb wir uns so fühlen. Wir nähren das Gefühl und geben ihm sehr viel Platz in unserem Erleben der Wirklichkeit. Wie unsere umherschwirrenden Gedanken hat dann dieses Gefühl Einfluss auf alles andere, was wir tun. Es beschäftigt uns so sehr, dass es uns unmöglich wird, die Dinge, die wir tun, mit voller Aufmerksamkeit zu tun.

Die Macht, die wir den negativen Gefühlen geben, machen sie so zu Zeiträubern.

Denn oft wirkt ein solches Gefühl lähmend und ist verbunden mit Gedanken, die uns aus dem gegenwärtigen Tun forttragen. Wir können uns nicht mit vollem Bewusstsein einer Sache widmen.

Und die einzig Leidtragenden sind wir selbst. Weil wir nicht schaffen, was wir schaffen wollten, weil wir uns nicht konzentrieren können, weil wir uns wahrscheinlich nicht so verhalten, wie wir uns verhalten wollen, und vor allem, weil wir in uns etwas nähren, was uns kein Wohlbefinden bringt.

Wer hat etwas davon, dass ich wütend bin?
Wem nützt das und wem schadet das?
Weshalb tue ich mir das an?

Wenn Sie das Gefühl haben, dass Ihnen die Zeit davonrast und dass Sie keine Zeit haben für die wirklich wichtigen Dinge im Leben, haben Sie eigentlich keine Zeit, Ihren Gefühlen so viel

Macht zu geben und Ihre Selbstverantwortlichkeit so sehr zu vernachlässigen. Alles ist immer gleichzeitig in Ihnen vorhanden und heitere Gelassenheit auch im größten Ärger für Sie erreichbar. Es ist immer wieder Ihre Entscheidung, wohin Sie Ihre Aufmerksamkeit lenken.

Es gibt ein sehr effektives Handwerkszeug, das Ihnen dabei hilft, Ihre Gefühle weder zu unterdrücken noch sie übermächtig werden zu lassen, sondern Ihnen Ihre Selbstbestimmung wieder ermöglicht und Ruhe schenkt.

Sie haben sicherlich selbst schon erfahren, dass im Nachhinein, also aus der Distanz, vieles ganz anders aussieht. Man wundert sich selbst, zu welchen Reaktionen man sich hat hinreißen lassen. Diese Lebenserfahrung können wir uns zunutze machen, indem wir, wenn wir uns zum Beispiel ärgern, bewusst im Augenblick Distanz schaffen und somit dem Ärger seine zerstörerische Macht entziehen.

Entziehen Sie negativen Gefühlen ihre Macht.

Die nun dargestellte Vorgehensweise ist nur ein Beispiel, wie Sie wieder ruhig und gelassen werden können. Es steht Ihnen natürlich frei, die Sätze durch solche zu ersetzen, die Ihrem Erleben näher sind.

Gestatten Sie sich immer wieder, innezuhalten, stopp zu sagen und zu sich selbst zurückzukehren. Sie allein bestimmen, wie Sie Ihre Zeit verbringen.

Ich ärgere mich.
Ich erkenne, dass ich mich ärgere.
Ich streite nicht ab, dass ich ärgerlich bin.
Ich nehme meinen Ärger an.
Ich fühle, wo in meinen Körper der Ärger sitzt.
Dorthin atme ich ein – atme ich aus.
Ich atme bewusst ein – ich atme bewusst aus.
Ich atme an diese Stelle, so lange, bis ich das Gefühl habe, dass es gut ist.
Ich bin nun ruhig und kann tief in mich hineinschauen, um festzustellen, was in mir den Ärger ausgelöst hat.
Ich atme bewusst ein – ich atme bewusst aus.
Durch das tiefe Schauen erkenne ich die Ursachen meines Ärgers.
Ich verstehe, was zum Entstehen meines Ärgers beigetragen hat.
Ich lächle über meinen Ärger (einatmen).
Ich lasse meinen Ärger los (ausatmen).
Ich bin ruhig.

Jedes Gefühl, das in Ihnen hochsteigt, ist immer ein Teil von Ihnen. Es ist nichts Schlechtes, das Sie bekämpfen müssen, sondern es will beachtet werden. Verurteilen Sie sich nicht, dass Sie solche Gefühle haben. Nehmen Sie sie liebevoll an, umarmen Sie sie wie ein weinendes Baby. Sie selbst haben die

Macht, all die Verletzungen, die Sie mit sich durchs Leben tragen, in sich zu heilen.

Sobald Sie lernen, tiefer in sich hineinzuschauen, werden Sie immer differenzierter die Ursachen erkennen, die Ihnen die Ruhe nehmen. Nur wenn Sie verstehen, können Sie anfangen, die Situation wirklich zu verändern und sich zu befreien. Wenn Sie innerlich nicht getrieben sind, kann Sie kein noch so großer Druck von außen treiben. Die Zeit hört ganz automatisch auf zu rasen, weil Sie selbst präsent im Augenblick sind und nicht getrieben und fremdbestimmt von einem Gefühl.

Verstehen ist die Grundlage der Veränderung.

Die Dinge sind nun einmal so, wie sie sind. Verändern können Sie nie andere Menschen, sondern immer nur sich selbst. Sie können immer mehr lernen, keine zerstörerischen Reaktionen gegen sich selbst zu richten. Indem Sie Ihre Bereitschaft, das Leben so anzunehmen, wie es ist, entwickeln, werden Sie erfahren, wie viel gelassener Sie in vielen Situationen bleiben, bei denen Ihnen früher der Kragen geplatzt ist.

Trotzdem ist es natürlich möglich, dass Sie sich hundertmal vornehmen, sich in einer bestimmten Situation anders zu verhalten. Es hoch und heilig versprechen und es dann doch immer wieder nicht schaffen. Diese Gewohnheitsenergien sind sehr stark. Wenn Sie Ihnen immer wieder neu achtsam begeg nen, wird jedoch irgendwann einmal eine Reaktion die letzte sein.

Ich atme ein – ich atme aus.
Hallo, Gewohnheitsenergie.
Gibt es dich also immer noch. Hallo, hallo.
Ich atme ein – ich atme aus.
Ich lächle und weiß, dass du sehr hartnäckig bist.
Ich atme ein – ich atme aus.
Ich nehme dich wahr, aber ich lasse mich nicht von dir lähmen.
Ich atme ein – ich atme aus.
Ich gebe dir keine Nahrung.
Ich bin ruhig.

Gestatten Sie sich immer wieder, bei sich selbst zu sein.

Geben Sie Ihr Leben nicht aus der Hand. Lassen Sie es nicht zu, dass Gefühle Sie lähmen und Sie unachtsam werden lassen, für das, was Sie gerade tun. Gebieten Sie ihnen Einhalt und gestatten Sie sich, immer wieder bei sich selbst zu sein. Es ist Ihr Leben, Ihre Zeit. Sie haben immer wieder die Wahl.

Wenn zum Beispiel ein Mensch, der Ihnen nahe steht, stirbt, ist es ganz normal, dass Sie traurig sind. Nehmen Sie die Traurigkeit an. Gestatten Sie es sich, traurig zu sein. Doch irgendwann ist es an der Zeit, auch diese Traurigkeit loszulassen. Alles ist Veränderung. Auch das schmerzlichste Gefühl.

Erst wenn wir uns befreit haben von all den Reaktionen, denen wir Macht über uns geben, sind wir frei und ohne Bedingungen. Es gibt keinen Weg zum Glücklichsein – Glücklichsein ist der Weg.

Schritt für Schritt auf Mutter Erde
Ich bin ein Teil von allem

Jeden Tag setzen wir einen Schritt vor den anderen. Und mit jedem einzelnen Schritt berühren wir mit unseren Fußsohlen die Erde. Meist sind wir jedoch so im Zeitdruck, dass wir schnell vorwärts hasten und beim Gehen tausend Dinge in unserem Kopf hin und her schieben. Meist wollen wir auch beim Gehen schon weiter sein, als wir in Wirklichkeit sind. Und huschen so über die Augenblicke des Lebens hinweg.

Dabei erzählt uns die Art, wie wir gehen, so viel über uns selbst. Es ist wie ein Spiegel, durch den wir in unser Inneres blicken können. Sind wir innerlich angespannt, gehen wir verkrampft und ballen unsere Hände zu einer Faust; laufen wir vor uns selbst davon, hasten wir schnellstmöglich vorwärts; sind wir jedoch gelassen und ruhig, so wird auch unser Gehen gelassen und ruhig sein.

Sie gehen, wie Sie sind.

Das Gehen scheint uns eine Selbstverständlichkeit zu sein; man hat es als kleines Kind gelernt und muss ihm seitdem keine weitere Beachtung schenken. Wie sehr Sie sich damit selbst täuschen, soll Ihnen ein kleiner Selbstversuch demonstrieren.

Ziehen Sie Ihre Schuhe aus.
Machen Sie einen Schritt (einatmen).
Machen Sie einen Schritt (ausatmen).
Gehen Sie, so langsam wie möglich.
Spüren Sie bei jedem Aufsetzen der Fußsohle den Kontakt zum Boden.
Variieren Sie die Übung nach ca. drei Minuten:
Machen Sie zwei Schritte (einatmen).
Machen Sie zwei Schritte (ausatmen).
Steigern Sie nach ca. einer Minute die Zahl der Schritte auf drei.
Steigern Sie nach ca. einer Minute die Zahl der Schritte auf vier.
Steigern Sie nach ca. einer Minute die Zahl der Schritte auf fünf.
Vergessen Sie nie, bewusst einzuatmen – bewusst auszuatmen.
Spüren Sie bei jedem Schritt den Kontakt zum Boden.
Lächeln Sie beim Gehen.

Ist es nicht toll, was für ein Wunderwerk wir beim Gehen tagtäglich vollziehen, ohne uns dessen bewusst zu sein?
Ich nehme an, dass es Ihnen schwer fiel, sehr langsam zu gehen, weil Sie zwischendurch immer auf einem Bein stehen und Ihr Gleichgewicht finden mussten. Falls Sie sehr wackelig waren, versuchen Sie doch die Übung gleich noch einmal, atmen Sie ein und lenken Sie Ihre Aufmerksamkeit dabei bewusst auf Ihren Bauch, zwei Finger breit unterhalb Ihres Bauchnabels. Diese Stelle wird von den Chinesen als Dan Tian bezeichnet, das

Energiezentrum des Menschen. Je mehr es Ihnen gelingt, sich auf diese Mitte zu konzentrieren, desto leichter wird Ihnen das achtsame langsame Gehen fallen.
Sie haben wahrscheinlich auch selbst erlebt, wie schwer es ist, schnell zu gehen und dabei bewusst zu atmen und den Kontakt des Fußes mit der Erde zu spüren.
Diese Art des Gehens ist wieder eine wundervolle Möglichkeit, den Geist ruhig und achtsam werden zu lassen für das, was Sie gerade tun.
Die vielen Gedanken, die wir uns beim Gehen machen, sind meist völlig unnütz und bringen uns nicht wirklich weiter. Das Einzige, was sie wirklich effektiv bewirken, ist, dass wir wieder einmal nicht im Kontakt mit uns selbst und präsent im Augenblick sind.
Machen Sie es sich doch zur Gewohnheit, immer wieder zwischendurch bewusst zu gehen, dabei auf Ihre Atmung zu achten und sich auf diese Weise Augenblicke mit sich selbst zu schenken. Sie werden sich durch das Abschalten der Gedankenspiralen, das bewusste Atmen, das Konzentrieren auf Ihre Mitte und den Kontakt mit dem Boden ruhig und erfrischt fühlen.

Bewusstes Gehen schenkt bewusste Augenblicke.

Nutzen Sie das Gehen als Ihren Verbündeten, der Ihnen wie ein Spiegel etwas aus Ihrem Inneren zeigt und der Ihnen Kraft schenkt, die Sie bei der Bewältigung Ihrer Aufgaben gut einsetzen können.

Die Erde, auf die wir so gedankenlos unsere Füße setzen, nimmt alles auf und verwandelt es. Sie ist eine große Wandlerin, die aus stinkendem Abfall im nächsten Frühjahr vielleicht schon wieder eine blühende Blume wachsen lässt.

Nichts kann unabhängig von allem anderen entstehen.

Wir haben weiter vorn gesehen, dass nichts unabhängig von allem anderen entstehen kann. In jeder Blume ist auch der Regen, die Sonne, der Samen, die Erde. Und die einzelnen Komponenten sind immer alle vorhanden, manifestieren sich jedoch immer erst dann, wenn alle Bedingungen erfüllt sind. Nehmen wir einen Sonnenblumenkern in der Erde, die Sonne, den Regen. Alles ist immer vorhanden und doch wird aus dem Samenkorn erst dann eine Sonnenblume, wenn alle Bedingungen zusammenspielen.

Nichts existiert ohne alles andere, nichts kann unabhängig voneinander existieren. Genauso ist es auch mit uns Menschen. Wie in der Blume die Sonne, die Erde und der Regen enthalten sind, ohne die sie nicht existieren könnte, so sind in jedem Menschen auch seine Eltern, seine Großeltern, deren Eltern usw. vorhanden. Deshalb ist die Vorstellung, es gäbe ein unabhängiges Ich nichts weiter als eine uns lieb gewordene Vorstellung, mit der wir unser Ego und unsere Wichtigkeit nähren und mit der wir uns von anderen abgrenzen wollen. Es ist ein Trugschluss zu glauben, ich allein habe mich zu dem gemacht, was ich bin, weil ich ohne die Anteile meiner Vorfahren nicht existieren würde. Es gibt kein unabhängiges Selbst. Zu sagen: "Ich bin unabhängig" ist eine pure Ignoranz des Lebens.

Um sich der großartigen Hilfe der Erde bewusst zu werden, lade ich Sie nun ein zu einer ganz persönlichen therapeutischen Sitzung. Falls Sie dafür gerade keine Zeit haben oder keine Lust, lesen Sie einfach im nächsten Kapitel weiter und blättern Sie zu dieser Stelle zurück, wenn Sie das Gefühl haben, dass Sie den Dingen begegnen möchten, die Sie, ebenso wie jede Blume, geprägt haben und die Sie in sich tragen. Oder wenn Sie über jemanden geärgert haben und den Ärger in sich loswerden wollen. Diese Technik des Erdeberührens eignet sich auch sehr gut, um Ängste zu überwinden. Nur wenn wir Freiheit in uns selbst schaffen, können wir sie in der Welt außen erleben. Nutzen wir hierfür die immer vorhandene Heilkraft der Erde. Die Erde nimmt alles auf und transformiert es. Es ist in der Tat so einfach, wie es sich anhört.

Die Technik des Erdeberührens.

Stellen Sie sich aufrecht hin, beide Füße haben guten Kontakt zum Boden. Beobachten Sie immer wieder zwischendurch Ihren Atem. Lassen Sie sich Zeit und visualisieren Sie die einzelnen Bilder so lange, bis Sie sie wirklich gut sehen. Machen Sie die Übung langsam und sehr bewusst. Selbstverständlich können Sie sie so abwandeln,

dass sie zu Ihrer ganz persönlichen Geschichte passen.
Die einzelnen Blöcke können Sie auch unabhängig voneinander durchführen.

Ich atme ein – ich atme aus.
Welche Energie meiner Vorfahren ist in mir?
Ich sehe meine Mutter, als sie jung und schön war.
Ich sehe meinen Vater, als er jung und schön war.
Ich sehe meine Großeltern, als sie jung und schön waren.
Legen Sie sich nun ausgestreckt auf die Erde.
Ich lege mich auf die Erde und bin im Kontakt mit all meinen Vorfahren. Die Erde nimmt all meinen Kummer und meine Sorgen bezüglich meiner Vorfahren in sich auf.
Die Erde übernimmt all das Schwere in mir, das mich belastet, und transformiert es.
Ich lasse all meine Sorgen los und übergebe sie der Erde.
Ich fühle mich frei.

Stellen Sie sich nun wieder aufrecht hin.
Ich atme ein – ich atme aus.
Welche Landschaft hat mich geprägt?
Ich sehe meine Heimat, das Haus meiner Eltern.
Ich sehe vor mir, woher ich komme.
Legen Sie sich nun ausgestreckt auf die Erde.
Ich lege mich nun auf die Erde und bin im Kontakt mit all dem,

was mich geprägt hat. Die Erde nimmt all meinen Kummer und meine Sorgen in sich auf.
Die Erde übernimmt all das Schwere in mir, das mich belastet, und transformiert es.
Ich lasse alles los.
Ich bin gestärkt von der Kraft der Landschaft, die mich geprägt hat.
Ich fühle mich frei.

Stellen Sie sich nun wieder aufrecht hin.
Ich atme ein – ich atme aus.
Welche Menschen haben mich geprägt?
Ich sehe Menschen, die mich liebevoll behandelt haben.
Ich sehe Menschen, die mich sehr verletzt haben.
Legen Sie sich nun ausgestreckt auf die Erde.
Ich lege mich nun auf die Erde, die all meinen Kummer und meine Sorgen in sich aufnimmt.
Die Erde übernimmt all das Schwere in mir, das mich belastet, und transformiert es.
Ich lasse alles los.
Ich fühle mich frei.

Stellen Sie sich nun wieder aufrecht hin.
Ich atme ein – ich atme aus.
Ich sehe das verletzte Kind in mir.

Ich spüre die Verletzungen in mir.
Auch diese Verletzungen darf ich einfach loslassen.
Legen Sie sich nun ausgestreckt auf die Erde.
Ich lege mich nun auf die Erde, die all meinen Kummer und meine Sorgen in sich aufnimmt.
Die Erde übernimmt all das Schwere in mir, das mich belastet, und transformiert es.
Selbst die Verletzungen, die ich schon so lange Zeit mit mir herumtrage.
Ich lasse alles los.
Ich fühle mich frei.

Stehen Sie nun wieder auf. Genießen Sie im Stehen noch das Gefühl, frei und ganz leicht geworden zu sein. Sie spüren beim Stehen den Kontakt zum Boden viel intensiver. Sie spüren nun, dass Sie auch über Ihre Fußsohlen der Erde Dinge übergeben können, loslassen können.

Kommunizieren Sie beim Gehen mit der Erde.

Nutzen Sie immer wieder die Chance, beim Gehen mit der Erde zu kommunizieren und belastende Dinge zwischendurch einfach loszuwerden. Jeder Schritt ist eine Liebkosung der Mutter Erde. Machen Sie sich dies immer wieder zwischendurch einmal bewusst, wenn Sie durch die Gänge hetzen. Gestatten Sie sich einen kleinen Stopp, ein paar Schritte in Achtsamkeit. Jeder Schritt macht Sie leichter, wenn Sie es möchten. Ihre innere

Freiheit wird auch Ihre äußere Freiheit bestimmen. Ihre innere Gelassenheit den Druck von außen auflösen und transformieren. Seien Sie sich bewusst, dass Ihre innere Entwicklung Ihre äußere Welt bestimmt und somit Ihr Leben und Ihre subjektiv erfahrene Zeit. Wer glaubt, nur außen verändern zu müssen und im Inneren alles beim Alten lassen zu können, wird nichts erreichen. Wer in sich Freiheit schafft, dem wird Freiheit im Außen begegnen. Wer in sich Räume der Zeitlosigkeit öffnet, wird sie im Außen betreten.

Wer in sich Freiheit schafft, dem wird Freiheit im Außen begegnen.

Jetzt ist die Zeit
Ich lebe bewusst jeden Augenblick

Im Buddhismus ist folgende Geschichte überliefert: Zwei Mönche kamen an einen reißenden Fluss. Eine Frau stand am Ufer und wagte es nicht, den Fluss zu überqueren. Da entschied sich der ältere der beiden Mönche, die Frau auf seinen Schultern über den Fluss zu tragen, obwohl ihm jeglicher Kontakt mit Frauen strengstens untersagt war. Als sie alle drei wohlbehalten auf der anderen Seite des Flusses angekommen waren, dankte die Frau dem Mönch und alle gingen ihres Weges. Nachdem die Mönche hundert Schritte gegangen waren, fragte der jüngere Mönch den älteren: "Wie konntest du es wagen, eine Frau auf deinen Schultern zu tragen?" Woraufhin der ältere antwortete: "Ich habe sie abgesetzt, als wir das Ufer erreicht haben, du trägst sie noch immer."

Erfahrungen müssen vollendet werden.

Wir tragen in uns alle Erfahrungen so lange herum, bis wir sie vollendet haben. Sind sie nicht vollendet, blockieren sie uns und verhindern, dass wir im Augenblick wirklich präsent sein können. So konnte der junge Mönch seine hundert Schritte nicht achtsam gehen, weil er die Frau noch im Kopf getragen hat, während der ältere Mönch seine Aufgabe vollendet hatte.

Oft sind es gerade die unvollendeten Angelegenheiten, die uns hindern, im Hier und Jetzt zu sein. Wir glauben, so viel Wichtiges zu tun zu haben, dass wir keine Zeit haben, uns mit vergangenen Dingen zu beschäftigen. Doch das Fatale ist, dass diese Dinge *uns* beschäftigen, sei es nun bewusst oder unbewusst. Als meine Mutter von einem Tag auf den anderen starb, fielen mir so viele Dinge ein, die ich ihr nie gezeigt hatte, so viel Dankbarkeit, die ich sie nie habe fühlen lassen. Ich habe all dies aufgeschrieben und ihr den Brief mit ins Grab gegeben. Ich war damals noch sehr jung und habe für mein Leben gelernt, dass immer *jetzt* die Zeit ist. *Jetzt* ist die Zeit für Dankbarkeit. *Jetzt* ist die Zeit, jemanden zu sagen: Ich liebe dich. *Jetzt* ist die Zeit, all das zu tun, was wir schon immer tun wollten. *Jetzt* ist die Zeit, alle Zeit der Welt zu haben. *Jetzt* ist die Zeit für Ruhe und Frieden. *Jetzt* ist die Zeit, sich von der Vergangenheit zu lösen, um vollständiger im gegenwärtigen Augenblick zu leben.

Immer jetzt ist die Zeit.

Wer in Gedanken an die Vergangenheit verstrickt ist, kann nicht wirklich präsent im Augenblick sein. Er hängt der Vergangenheit nach und kann nicht vollkommen das tun, was er gerade zu tun hat. Deshalb ist es wichtig, die Vergangenheit in die Gegenwart zu holen und nachzuspüren, wo sie uns in unserem augenblicklichen Leben beeinflusst.

Atmen Sie ein – atmen Sie aus.
Denken Sie nun über folgende Fragen nach und atmen Sie dabei bewusst. Nehmen Sie sich Zeit für sich und seien Sie dabei ehrlich und liebevoll mit sich selbst. Notieren Sie alles, was Ihnen zu einer Frage einfällt. Überlegen Sie dann, was Sie ganz konkret in Ihrer *jetzigen* Situation tun können, um eine Veränderung herbeizuführen.

Welche Ereignisse aus der Vergangenheit beschäftigen mich noch heute?

Welche Sätze mit "Wenn nur damals..." fallen mir ein?
Welche Situation erlebe ich immer wieder auf dieselbe Weise?
Was würde ich tun, wenn ich nur noch kurze Zeit zu leben hätte?
Was hindert mich daran, es jetzt zu tun?

Ein gutes Beispiel für unvollendete Angelegenheiten sind Beziehungen. Es gibt Frauen, die geraten wie durch Geisterhand immer wieder an den falschen Mann, der dieselben Verhaltensweisen an den Tag legt wie sein Vorgänger; und Männer, die davon überzeugt sind, dass sie glücklich sein könnten, wenn sie endlich "die Richtige" treffen würden. Warum treffen sie sie nicht?
Unvollendete Aufgaben sind wie nicht geschlossene Energiekreise in uns. Wir suchen uns so lange dieselbe Situation, bis wir

den Kreis schließen können. Deshalb liegt in der Begegnung mit anderen Menschen ein ungeheures Potenzial. Und die Schwierigkeiten, die sich ergeben, sind immer auch Chancen, Kreise zu schließen und etwas über unser Inneres zu erfahren.

Die Scheidungsrate liegt heute in den Großstädten bei fünfzig Prozent. Sobald Schwierigkeiten auftauchen, gehen die Menschen auseinander und suchen sich neue Partner. Es scheint auch einfacher zu sein, einem anderen die Schuld an der eigenen Unzufriedenheit zu geben, als in sich selbst hineinzuhorchen. Doch die Frage nach der Schuld ist eine der unergiebigsten überhaupt. Ich habe es mir zur Angewohnheit gemacht, sobald das Wort Schuld fällt zu sagen: "Schuld gibt es nicht." Jede Ent-Schuldigung basiert auf dieser Vorstellung und suggeriert, dass es Dualitäten gibt, gut und böse, richtig und falsch. Doch das eine kann nicht ohne das andere sein. Fangen wir an, tiefer zu schauen, bleiben wir nicht bei der Frage nach der Schuld stehen, sondern entwickeln Verständnis und erkennen die Ursachen, die zu der jetzigen Situation geführt haben. Alles, was im Außen geschieht, hat auch eine Entsprechung in mir. Alles basiert auf einem Gesetz von Resonanz, das es uns ermöglicht, in den Konflikten mit anderen uns selbst zu entwickeln.

Wer tiefer schaut, erkennt die wahren Ursachen.

Einfach wegzugehen bedeutet im Grunde nichts anderes als einen nicht geschlossenen Kreislauf fortzutragen und mit jemand anderem weiterzuleben. So lange, bis er geschlossen werden kann. Doch um ihn zu schließen, ist es notwendig, die eigene Verantwortlichkeit der Situation zu erkennen.

Wieso passiert mir das immer wieder?
Was ist mein Beitrag zu dieser Situation?
Wo liegt die Entsprechung in mir?

Alles, was ich erlebe, hat auch mit mir zu tun. Diese Entsprechung kann ich finden, sie mir liebevoll ansehen und Verständnis entwickeln. Wer Verstehen und Liebe hat, dem steht die ganze Welt offen.
Das Leben ist Veränderung. Es ist wie ein Fluss, an den wir zum Baden gehen. Die Stelle, an der wir baden, verändert sich in jedem Augenblick. Und doch tun wir so, als sei es immer dieselbe. Der gegenwärtige Augenblick ist die einzige Zeit, die wir erleben können.
Die Menschen, die uns umgeben, sind die wichtigsten Personen, mit denen wir uns beschäftigen können. In jedem Augenblick kann ich mich von den Lasten der Vergangenheit befreien und achtsam sein, keine neuen Lasten anzuhäufen.
Ich bin mir bewusst, wie ich mich fühle.
Ich sage ehrlich und liebevoll, was ich wirklich denke, und trage die Gedanken nicht ungesagt mit mir herum.
Ich nehme mir immer wieder Zeit für mich, um in mich hineinzuhorchen.

Je bewusster ich mein Gepäck aus der Vergangenheit nach und nach abstelle, desto leichter und friedvoller werde ich. Desto besser gelingt es mir, wirklich im Augenblick zu sein.
Ich bade im Fluss des Lebens und genieße jeden Augenblick, der mir geschenkt wird.

Zeit für Zeitlosigkeit
Ich lebe mit Achtsamkeit

Ein Mensch, der immer auf Hochtouren funktioniert, braucht auch eine Zeit der Ruhe und des inneren Friedens. Mit der bewussten Gestaltung und Verplanung unserer Freizeit ist jedoch meist keine Zeit mehr für eine solche Zeit.

Auf der anderen Seite gibt es Menschen, die allein leben und die oft nicht wissen, was sie mit ihrer Zeit anfangen sollen. Mir fiel es oft schwer, sonntags allein zu sein, wenn alle anderen spazieren gingen, in den Bergen waren – kurz: eingebunden waren. Bis mir eines Tages auffiel, dass sie eigentlich nichts anderes machen, als sich permanent von sich abzulenken und der Begegnung mit sich selbst aus dem Weg zu gehen. Seitdem liebe ich das Alleinsein umso mehr und nutze die Möglichkeiten, die es mir bietet.

Planen Sie bewusst Zeit für sich.

Wenn Sie Ihre Freizeit planen, wäre es ein guter Anfang, wenn Sie ganz bewusst auch Zeit für sich selbst einplanen. Ein ganzer Tag selbstbestimmter Zeit in der Woche wäre natürlich ideal, ein Tag, an dem Sie keine Uhr tragen, an dem Sie sich immer wieder bewusst machen, was Sie gerade tun, ein Tag, der ganz allein Ihnen selbst gehört.

Da ein ganzer Tag in einem engen Terminplan schwierig einzurichten sein wird, ist es auch schon eine Hilfe, wenn Sie jeden Tag ganz bewusst eine bestimmte Zeit für sich reservieren, vielleicht eine halbe Stunde früher aufstehen und diese Zeit ganz bewusst als die Ihre erleben. Jede bewusst erlebte Zeit ist wie ein Samenkorn, das wachsen und gedeihen kann. Und je mehr bewusste Augenblicke Sie leben, desto leichter wird es Ihnen fallen, bei Ihrem alltäglichen Tun immer wieder für kurze Zeit in das Universum der Zeitlosigkeit einzutreten.

Ich erwache und lächle mir zu.
Vierundzwanzig neue Stunden liegen vor mir.
Ich atme bewusst ein – ich atme bewusst aus.
Ich freue mich, dass ich lebendig bin.

Ich beginne den Tag, indem ich mir eine Geschichte vorlese.
Ich will meinem Geist gute Nahrung geben.
Die Gedanken begleiten mich in meinen Tag.

Wenn ich den Wasserhahn aufdrehe, fühle ich das Wasser.
Es kommt von weither und hält alles am Leben.
Ich benutze das Wasser achtsam.
Ich sehe mich im Spiegel und lächle mir zu.
Ich putze meine Zähne und bin mir bewusst, dass ich meine Zähne putze.

Unter der Dusche fühle ich, wie das Wasser mich erfrischt.
Es nimmt alle Schwere mit sich fort.
Ich atme ein – ich atme aus.
Ich genieße das wundervolle Gefühl des Wassers auf meiner Haut.

Beim Anziehen bin ich dankbar, dass ich so schöne Kleider habe.
Ich habe alles, was ich zum Leben brauche.
Ich will Menschen, die nicht so viel haben, etwas von meiner Fülle abgeben.

Ich halte die Tasse in meinen Händen.
Ich atme ein – ich atme aus.
Beim Trinken spüre ich, wie das Wasser in mich hineinfließt.
Heißes Wasser nimmt alle Krankheiten mit sich.

Ich bin dankbar, dass ich genug zu essen habe.
Ich esse achtsam und sehe die goldenen Weizenfelder, die Sonne und die Wolken und weiß, dass nichts unabhängig voneinander existieren kann.

Ich spüle das Geschirr und bin mir bewusst, dass das Wasser allen Schmutz mit sich nimmt.
Ich freue mich, dass mein Geschirr funkelt und glänzt.

Ich lächle, atme ein, atme aus.

Immer wieder während meines Tages mache ich mir bewusst, was ich gerade tue.
Wenn ich im Garten arbeite.
Wenn ich mit einem Menschen bin.
Wenn ich gehe.
Wenn ich stehe.
Wenn ich mich hinsetze.
Wenn ich nichts tue.
Was immer ich tue.
Ich atme ein – ich atme aus.
Ich bin bei mir (einatmen) – ich bin angekommen (ausatmen).
Es gibt nur das Hier (einatmen) – und das Jetzt (ausatmen).
Ich fühle mich stark (einatmen) – und wirklich frei (ausatmen)
Ich nehme Zuflucht (einatmen) – in mir selbst (ausatmen).

Vielleicht ist es für wirklich große Meister möglich, einen ganzen Tag der Zeitlosigkeit zu verbringen, ohne fliegende Gedanken und Zerstreutheit vollkommen im Augenblick. Vielleicht sogar ein ganzes Leben.
Ich nehme jedoch nicht an, dass Sie schon ein solch großer Meister sind, sonst hätten Sie wahrscheinlich dieses Buch weder gekauft noch bis hierher gelesen. Und dennoch steckt die Vollkommenheit auch in Ihnen. Die Schöpferkraft, das Chris-

tusbewusstsein, die Buddhaschaft – wie immer Sie es bezeichnen mögen. Das Erleben der vollkommenen Harmonie, das Einssein mit dem Universum, in dem alle Dimensionen von Zeit und Raum aufgelöst sind.

Machen Sie möglichst viele Augenblicke des Lebens zu Ihren Augenblicken.

Machen Sie möglichst viele Augenblicke des Lebens zu Ihren Augenblicken. Zu Erlebnissen vollkommener Hingabe an das Leben.

Das Leben ist so wundervoll. Es ist das wertvollste Geschenk, das Ihnen auf Erden gegeben wurde. Gehen Sie achtsam damit um. Seien Sie sich immer der Möglichkeit Ihrer Wahl bewusst. Seien Sie sich Ihrer Verantwortung bewusst.

Nichts bleibt, wie es ist. Alles verändert sich. Widmen Sie sich den Dingen, die gut für Sie sind. Umgeben Sie sich mit Menschen, die Sie unterstützen und die Ihnen Kraft geben. Betrachten Sie die Dinge, die Ihnen begegnen, als Herausforderung, Neues zu lernen. Leben Sie mit Hingabe im Augenblick. Im Bewusstsein der Zeitlosigkeit aller Zeit sind Sie frei und ohne Abhängigkeiten.

Loslassen und entspannen
Ich fühle Ruhe und Harmonie in mir

Sie haben durch das Lesen und Erleben mit diesem Buch viele Erfahrungen gemacht, viele Augenblicke zu den Ihren gemacht. Nur das allein zählt, nur Ihr Erleben und Ihre damit verbundene Erkenntnis. Sie werden wahrscheinlich auch mit zunehmendem Praktizieren der bewussten Zeitlosigkeit bewusst wahrgenommen haben, dass Sie, je mehr Sie bei sich selbst sind, desto weniger Probleme haben. Je mehr Sie sich zentrieren und sich Ihrer eigenen Wirklichkeit bewusst sind, desto mehr lösen sich viele Probleme von allein. Viele Fragen stellen sich nicht mehr oder eben anders, wenn Sie lernen, tiefer zu schauen und zu verstehen. Und je mehr Sie bei sich selbst sind, desto mehr verändert sich auch die Welt um Sie. Dies ist eine Erfahrung, die nur der machen wird, der die Theorie wirklich in die Praxis umsetzt und kein "Papierschüler" bleibt.

Wer Zeitlosigkeit lebt, hat weniger Probleme.

Es ist falsch zu glauben, dass wir durch das Nachdenken über uns selbst weiterkommen. Das Wesentliche findet woanders statt und funktioniert nicht allein über den Verstand

– auch wenn wir das gern hätten, damit wir alles im Griff haben.
Menschen, die unter Druck sind, fällt es schwer, loszulassen und zu entspannen. Sie sind es so gewohnt, Ziele zu formulieren, Strategien zu überlegen, dass sie sich meist nur unter noch größeren Druck setzen, wenn sie sich vornehmen, sich zu entspannen.
Sie haben bereits erlebt, welche Wunder das bewusste Atmen bewirken kann. Es ist der Schlüssel in das Universum der Zeitlosigkeit. Die nun folgende Entspannungsübung ist ein Geschenk an Sie selbst, wenn Sie bewusst entspannen wollen; und eine unbedingte Notwendigkeit, wenn Sie unter großem Stress stehen und sich nicht frei davon machen können.

Legen Sie sich flach auf die Erde, die Handflächen zeigen nach unten.
Benutzen Sie kein Kissen, damit Schulter- und Kopfbereich auf einer Höhe sind.
Atmen Sie ein – atmen Sie aus.
Atmen Sie so lange, bis Sie sich Ihrer Atmung bewusst sind.
Spüren Sie, wie sich Ihre Bauchdecke hebt und senkt.
Mindestens fünfmal.
Werden Sie sich Ihrer Arme bewusst, von den Schultern, über die Oberarme, Ellbogen, Unterarme, über die Hände in die Fingerspitzen.

Atmen Sie ein und werden Sie sich Ihrer Arme bewusst, atmen Sie aus und lassen Sie alle Schwere los.

Mindestens fünfmal.

Werden Sie sich nun Ihrer Beine bewusst. Dieser wundervollen Beine, die Sie Tag für Tag durchs Leben tragen. Fühlen Sie Ihre Beine von den Oberschenkeln über die Unterschenkel, die Ferse und den Fuß bis in die Zehen.

Atmen Sie ein und werden Sie sich Ihrer Beine bewusst, atmen Sie aus und lassen Sie alles los.

Mindestens fünfmal.

Schenken Sie nun Ihre Aufmerksamkeit Ihrem Herzen. Diesem wundervollen Organ, das unermüdlich arbeitet und Sie am Leben erhält.

Atmen Sie ein zu Ihrem Herzen, atmen Sie aus und lächeln Sie Ihrem Herzen zu.

Mindestens fünfmal.

Schenken Sie nun Ihre Aufmerksamkeit Ihrer Leber. Diesem wundervollen Organ, das Sie entgiftet.

Atmen Sie zu Ihrer Leber, atmen Sie aus und lächeln Sie Ihrer Leber zu.

Mindestens fünfmal.

Schenken Sie nun Ihre Aufmerksamkeit Ihrem Magen. Tag und Nacht arbeitet er, um all das zu verarbeiten, was Sie ihm liefern. Versprechen Sie ihm, mit dem Bewusstsein für seine Arbeit zu essen.

Atmen Sie in Ihren Magen, atmen Sie aus und schenken Sie Ihrem Magen Dankbarkeit für seine unermüdliche Arbeit.
Mindestens fünfmal.
Schenken Sie nun Ihre Aufmerksamkeit Ihrem Darm. Auch er ist ein unermüdlicher Arbeiter, Tag und Nacht.
Atmen Sie in Ihren Darm, atmen Sie aus und lächeln Sie Ihrem Darm zu.
Mindestens fünfmal.
Schenken sie nun Ihre Aufmerksamkeit Ihrem ganzen Körper.

Atmen Sie ruhig ein und aus.
Fühlen Sie Ihre Lebendigkeit. Ihr ganzer Körper ist lebendig. Ihr ganzer Körper ist durchströmt.
Sie atmen ein und werden ruhig – Sie atmen aus und lassen alles los.
So lange es Ihnen Spaß macht.
Schenken Sie nun Ihre Aufmerksamkeit Ihren Augen, diesen Wunderwerken der Natur, die Ihnen jeden Tag so viele Bilder schenken.
Atmen Sie zu Ihren Augen, atmen Sie aus und lächeln Sie Ihren Augen zu.
Mindestens fünfmal.
Schenken Sie nun Ihre Aufmerksamkeit Ihrem Gehirn, das Höchstleistungen vollbringt. Gönnen Sie ihm Entspannung.
Atmen Sie in Ihr Gehirn, atmen Sie aus und lassen alles los.
Mindestens fünfmal.

Schenken Sie nun Ihre Aufmerksamkeit Ihrem ganzen Kopf.
Gönnen Sie ihm Ruhe. Lassen Sie alles los.
Sie atmen ein und werden ruhig – Sie atmen aus und lassen alles los.
So lange es Ihnen Spaß macht.
...
Kommen Sie langsam wieder in die Gegenwart zurück.
Öffnen Sie die Augen.
Seien Sie sich bewusst, wo Sie gerade herkommen.
Stehen Sie langsam auf.

Diese Entspannungsübung können Sie beliebig erweitern und natürlich auch verkürzen, wenn Sie nicht genügend Zeit haben. Sie können sie auch aufrecht sitzend im Stuhl durchführen. Sie ist das allerbeste Mittel gegen jede Art von Druck und gegen Stress. Schenken Sie sich selbst immer wieder Augenblicke der Ruhe und des Friedens, dann kann Sie niemand aus der Ruhe bringen.

Entspannung ist das beste Mittel gegen Stress.

Inneren Frieden finden
Ich fühle mich frei und stark

Gelassenheit im Außen heißt Gelassenheit im Inneren. Neben der Entspannungsübung im vorangegangenen Kapitel ist Meditation der beste Weg, in seinem Inneren einen Zustand der Ruhe und der Harmonie zu erreichen.

Immer wenn ich Menschen so ruhig wie Buddhas in sich versunken sitzen sah, fragte ich mich, was die denn so lange da mit sich tun. Inzwischen weiß ich, dass Sie sehr viele sehr verschiedene Dinge tun, weil es viele unterschiedliche Formen von Meditation gibt. Die einen arbeiten beispielsweise mit dem Visualisieren von Bildern oder Farben oder heiligen Personen. Andere konzentrieren sich ganz auf die Wirklichkeit ihres Körpers, wieder andere sprechen Mantras beim Meditieren oder hören Musik...

Meditation bringt Sie zu sich selbst zurück.

Die im Folgenden vorgestellte Meditation ist sehr einfach. Sie kann Ihnen in vielen Situationen helfen, Ihren Geist zu schärfen und Sie wieder zu sich selbst zurückzubringen. Was zunächst allerdings sehr einfach anmutet, wird Ihnen in der Praxis wahrscheinlich am Anfang noch schwer fallen. Doch mit zunehmender Übung werden Sie spüren, dass Sie sich innerlich verändern, dass Sie in sich eine Freiheit fühlen, die Sie stark wie ein Gebirge sein lässt. Innere Verkrampfungen und tiefe Verspannungen lösen sich mit der Zeit und beeinflussen auch die Spannungen im Außen. Dieses Wissen kann man nur für sich selbst annehmen, wenn man es an sich selbst erfährt. Manchmal bedarf es großer Entschlossenheit, sich hinzusetzen und in sich hineinzuhorchen, anstatt noch ein Stündchen länger zu schlafen. Doch werden Sie auch dabei feststellen, dass, wer meditiert, viel weniger Schlaf braucht. Sie haben also die Chance, etwas Spannendes mit sich zu erleben, ohne dabei auf etwas anderes verzichten zu müssen.

Innere Verkrampfungen und Verspannungen lösen sich.

Setzen Sie sich nun mit aufrechtem Rücken idealerweise im Lotussitz (oder Schneidersitz) auf ein Meditationskissen auf den Boden. Falls Ihnen das zu große Schmerzen bereitet, können Sie sich auch mit geradem Rücken auf einen Stuhl setzen. Ziehen Sie sich jedoch unbedingt die Schuhe aus und spüren Sie den Kontakt zum Boden. Legen Sie die Handflächen entweder auf die Knie oder verschränken Sie die Hände vor Ihrem Unterbauch, indem Sie die Handflächen sanft und leicht rund übereinander legen und die Daumen sich kreuzen (ein x bilden).

Schließen Sie nun die Augen.
Atmen Sie ein – atmen Sie aus.
Fühlen Sie, wie die Luft in Sie einströmt.
Fühlen Sie, wie die Luft aus Ihnen hinausströmt.
Atmen Sie ruhig und beobachten Sie den natürlichen Fluss Ihres Atmens.
Durch welches Nasenloch atmen Sie gerade? Durch das linke, durch das rechte, durch beide?
Schenken Sie Ihrem Atem Ihre volle Hingabe.
Atmen Sie ein – atmen Sie aus.

Ihre Achtsamkeit wird wahrscheinlich immer wieder unterbrochen werden durch fliegende Gedanken, die Sie aus der Gegenwart in die Vergangenheit oder in die Zukunft tragen wollen.
Doch die Vergangenheit ist vergangen und die Zukunft ist noch nicht.
Das Einzige, was zählt, ist der gegenwärtige Augenblick.
Nehmen Sie also die fliegenden Gedanken wahr und gestatten Sie sich, wieder Ihren Atem zu beobachten.
Gehen Sie dann nach einiger Zeit dazu über zu spüren, wo der Atem Ihre Nasenflügel berührt.

Atmen Sie ein – atmen Sie aus.
Sanft streicht Ihr Atem die Nasenwände entlang.
Seien Sie achtsam für den natürlichen Fluss Ihres Atems.

Holen Sie sich immer wieder in den gegenwärtigen Augenblick zurück.
Atmen Sie ein – atmen Sie aus.

Sie werden feststellen, wie schwierig es ist, auch nur eine einzige Minute vollkommen bei der Sache zu bleiben. Doch je mehr Sie Ihren Geist schärften, desto leichter wird es Ihnen fallen.

Versuchen Sie, eine halbe Stunde vollkommen ruhig zu sitzen und sich nur auf Ihren Atem zu konzentrieren.
Öffnen Sie danach behutsam die Augen.

Wenn Sie dann von Ihrer Meditation aufstehen, eignet sich achtsames Gehen (wie auf Seite 80 beschrieben) besonders gut, um langsam wieder in die Außenwelt zurückzukehren. Denken Sie daran, dass jeder gelebte Augenblick der Achtsamkeit eine Art Meditation ist und dass unser Alltag und alles, was wir mit vollkommener Hingabe tun, uns Frieden und Harmonie schenkt. Wir haben eine Verabredung mit unserem Leben, mit diesem wundervollen Leben. Bei jedem Schritt, den wir auf Mutter Erde setzen, bei jedem Atemzug, der uns immer wieder eine Brücke in unser Inneres schafft.

Ich atme ein – ich atme aus.
Ich bin bei mir (einatmen).
Ich bin angekommen (ausatmen).
Es gibt nur das Hier (einatmen)
und das Jetzt (ausatmen).
Stark wie ein Fels (einatmen)
und wirklich frei (ausatmen),
nehme ich Zuflucht (einatmen)
in mir selbst (ausatmen).

Ich bin ruhig.
Ich lächle.

Dank an Thich Nhat Hanh und Chan Khong

Die Ideen dieses Buches basieren auf der buddhistischen Praxis, wie sie der vietnamesische Dhyana-Meister Thich Nhat Hanh lehrt. Ihm und Schwester Chan Khong bin ich in tiefer Dankbarkeit verbunden. Dass sie es mir erlaubten, diese Achtsamkeitspraxis anzuwenden auf eines der Probleme, das ich um mich herum bei meinen Freunden sehr bewusst erlebe.

Ich kannte die Bücher Thich Nhat Hanhs seit langem. Sie waren mir immer wieder neu Quelle der Inspiration. Seine Klarheit und seine liebevolle Menschlichkeit bewundere ich von Herzen.

Als ich dann jedoch in das Zentrum "Village des Pruniers" in Südfrankreich in der Nähe von Bordeaux kam, wurde mir die heilsame Tragweite der Achtsamkeitspraxis erst in ihrer Ganzheit bewusst. Was er wirklich heißt, im Augenblick zu leben, und wie schwer dies ist. Die Zeit dort schien eine andere zu sein, endlos, und die vielen bewussten Augenblicke und die außergewöhnlich bereichernden Gespräche mit mir völlig unbekannten Menschen waren ein ganz besonders Geschenk für mich.

Ich ging zurück nach Deutschland mit dem Gefühl, nun sehr viele Schlüssel in der Hand zu halten, mit denen ich Räume öffnen könnte, jedoch nicht musste. Ich war etwas unsicher, was ich von diesen wundervollen Techniken wirklich in meinem Alltag anwenden könnte, und dann sehr freudig, als ich merkte, wie heilsam sie sich auf mein alltägliches Leben und die Menschen um mich auszuwirken begannen. Seitdem experimentiere ich und die Ergebnisse davon sind dieses Buch.

Jede Theorie ist nur so wertvoll wie die Praxis, die aus ihr erwächst. Und so wurde mein Wunsch immer stärker, diese Praxis, die nur ein kleiner Ausschnitt eines komplexen Weltverständnisses ist, möglichst vielen Menschen nahe zu bringen.

Für alle, die auf diesem Weg weitergehen wollen, empfehle ich die Bücher von Thich Nhat Hanh oder einen Aufenthalt in der Village des Pruniers (Adresse im Anhang).

Eine Mark pro verkauftem Exemplar dieses Buchs wird für den Maitreya-Fonds verwendet, der in Zusammenarbeit mit der Village des Pruniers Hilfsprojekte in Vietnam unterstützt. Auf diese Weise möchte ich den Menschen danke sagen, in deren Tradition eine so heilsame Lehre entstehen konnte, die sie heute noch immer nicht in Freiheit ausüben können.

Sabine Jaenicke, am 2. Februar 1963 geboren, studierte Romanistik und Kunstgeschichte in Heidelberg. Seit 1990 arbeitet sie als Lektorin. In ihrer freien Zeit reist sie – hauptsächlich in Asien, wo sie sich zu Hause fühlt. Sie hat den Abenteurer Bruno Baumann auf einigen seiner Expeditionen begleitet, zuletzt in Tibet bei der Suche nach der Quelle des Indus.
Sie macht täglich Qi Gong und schenkt sich durch Meditation Ruhe und Gelassenheit. Seit vielen Jahren beschäftigt sie sich mit dem Buddhismus. Die Idee zu diesem Buch entstand bei einem Aufenthalt im Kloster "Village des Pruniers" des vietnamesischen Dhyana-Meisters Thich Nhat Hanh.